Walters Abenteuer

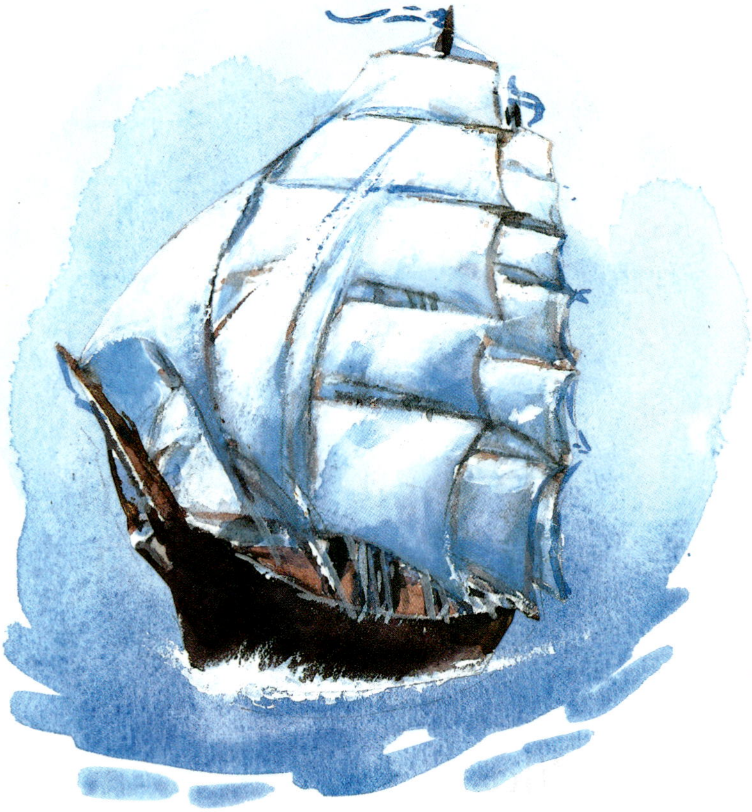

Zacharias Topelius

Walters Abenteuer

Lausbubengeschichten aus dem Land der Wälder und Seen

Bilder von Maija Karma

Gerstenberg Verlag

CIP-Kurztitelaufnahme der Deutschen Bibliothek

Topelius, Zacharias:
Walters Abenteuer: Lausbubengeschichten aus dem Land der Wälder
und Seen / Zacharias Topelius. [Aus d. Schwed.
von Gisbert Jänicke]. Hildesheim: Gerstenberg, 1988.
Einheitssacht.: Valtterin seikkailut ‹dt.›
ISBN 3-8067-4324-X

Aus dem Schwedischen übersetzt und
bearbeitet von Gisbert Jänicke.
Die Originalausgabe erschien unter dem Titel
„Valtterin Seikkailut" im Verlag Weilin & Göös, Espoo.
Illustrationen Copyright © 1986 Maija Karma.
Deutsche Ausgabe Copyright © 1988
Gerstenberg Verlag, Hildesheim
ISBN 3-8067-4324-X

Inhalt

Über den Autor 7
Walters Heimat, Sindbad und der gestreifte Rock 13
Walter sucht einen Schatz und will reich werden 27
Ist man faul, soll man auf seinen Schopf aufpassen 37
Was Walter im Zuckerland am Himmelsberg erlebt 45
Walter geht auf die Jagd und schießt seltsamerweise daneben 53
Was passiert, als Walter Hornuß spielt 56
Der tapfere Walter jagt Wölfe 65
Walter spielt Robinson 77

Z. Topelius

Über den Autor

Jenseits der Ostsee, im Nordosten Europas, liegt Finnland, ein großes Land voller Wälder und unzähliger Seen. Vieles ist hier wie anderswo auch, in den großen Städten pulsiert das moderne Leben wie in Hamburg, Wien, Basel und Berlin. Aber kommt man aufs Land, ist manches anders. Die Bauernhöfe – meistens rote Häuser aus Holz, mit weißen Fensterrahmen – liegen oft weit auseinander, und die „Dorfgasse", auf der sich Walter, der Held unserer Geschichte, mit seinen Kameraden vergnügt, würden wir vielleicht eher einen Feldweg nennen.

In diesem Land, in dessen Wäldern einem beim Pilze- und Beerensammeln auch heute noch mitunter der Wolf und der Bär begegnen können, wurde im Jahre 1818 Zachris (bei uns meist ‚Zacharias' geschrieben) Topelius, der Autor unserer Geschichte, geboren. Auch sein Vater hieß Zachris, und zur Unterscheidung von Vater und Sohn nannte man den Jungen bald allgemein Zacke. Diesen Kosenamen hat er sein Leben lang beibehalten. Zackes Vater war Arzt in einem kleinen Städtchen an der Küste. Wie viele gebildete Leute seiner Zeit war er sehr an den Märchen, Sagen und Liedern seines Volkes interessiert. Aus dem Osten des Landes und aus dem benachbarten Karelien kamen bisweilen fahrende Händler in die Stadt. Zackes Vater lud diese dann manchmal zu sich und schrieb die alten Lieder und Gesänge auf, die diese weitgereisten Männer ihm vorsangen. Später gab er die so zusammengekommenen Lieder in mehreren Heften heraus.

Auch der junge Topelius hörte und las gern Märchen. Er verschlang die Märchensammlungen seiner Zeit, die der Brüder Grimm und die von H. C. Andersen. Und bald begann Topelius selbst zu schreiben: Artikel und Reportagen, Gedichte, Kirchenlieder und Theaterstücke. Besonders gern schrieb er Märchen und Erzählungen für Kinder und kleine Theaterstücke, die er Spiele nannte. Diese veröffentlichte er teils in Kinderzeitschriften, teils in Büchlein, die er durch sogenannte Brezelmadams auf der Straße und von Tür zu Tür verkaufen ließ. Sie bildeten den Grundstock für sein „Lesebuch für Kinder", das zwischen 1865 und 1896 – Topelius war inzwischen Professor geworden – in acht Bänden erschien. Diese Bücher stehen heute noch, in schwedischer oder in finnischer Sprache, in fast jedem Kinderzimmer in Finnland. Man spricht in Finnland ja zwei Sprachen. Topelius selbst sprach und schrieb schwedisch, aber, wie seine vielen historischen Romane, wurde auch sein „Lesebuch" bald ins Finnische übersetzt. Viele berühmte finnische und schwedische Künstler – Carl Larsson zum Beispiel – haben es illustriert. Die acht Bände sind eine schier unversiegbare Fundgrube an Märchen, Erzählungen, Liedern und Stücken – zum Vorlesen und Singen, zum Spielen daheim und in der Schule. Viele Märchen und Geschichten aus Topelius' „Lesebuch" sind beliebt bei den Kindern in aller Welt. Das Märchen vom kleinen Lappenjungen Sampo Lappeklein zum Beispiel, oder das Märchen von der persischen Prinzessin Lindegold, die von einem gewaltigen Zauberer entführt und in den hohen Norden gebracht wird. Aus diesem »Lesebuch« stammen auch die Abenteuer des liebenswerten Lausbuben Walter.

Manche Geschichten des Märchenonkels Topelius – so nennt ihn das finnische Volk – mögen „belehrend" sein, sie wollen den Kindern sagen, wie sie's am besten nicht machen sollen. Aber Topelius, der die Kinder liebte, und den die Kinder liebten, war kein Schulmeister mit dem Rohrstock oder dem drohenden Zeigefinger. Im Gegenteil, er wußte, wie Kinder sind und sein müssen: neugierig, ungezwungen und lebenslustig, und auch manchmal ein bißchen tollkühn und wild. Wie der kleine Walter in diesem Buch. Walters Abenteuer spiegeln die eigene Welt des Autors als Kind, und auch wenn seitdem 150 Jahre ins Land gegangen sind, so ist die Welt immer noch dazu da, von mutigen kleinen Walters entdeckt und erobert zu werden.

Gisbert Jänicke

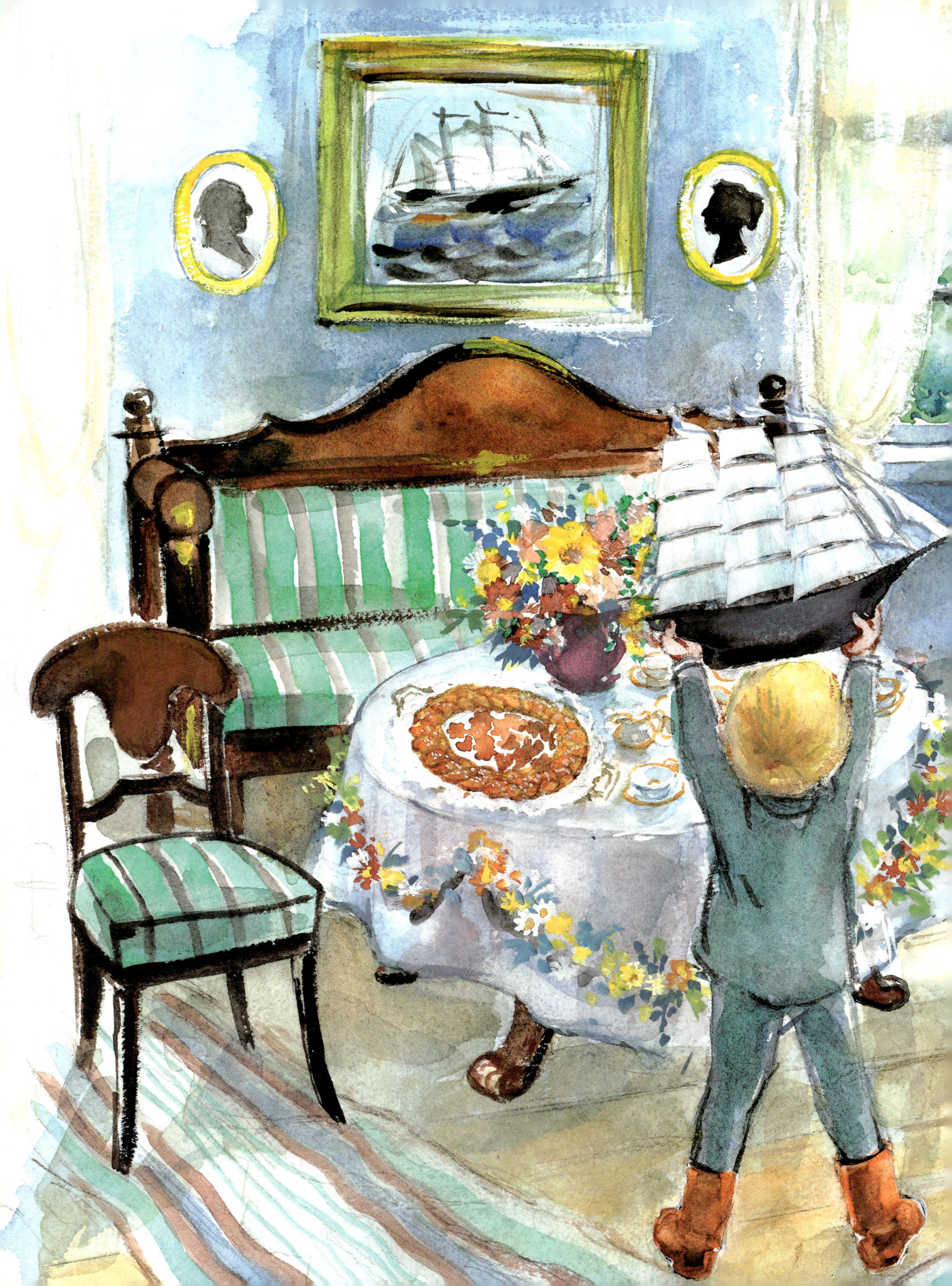

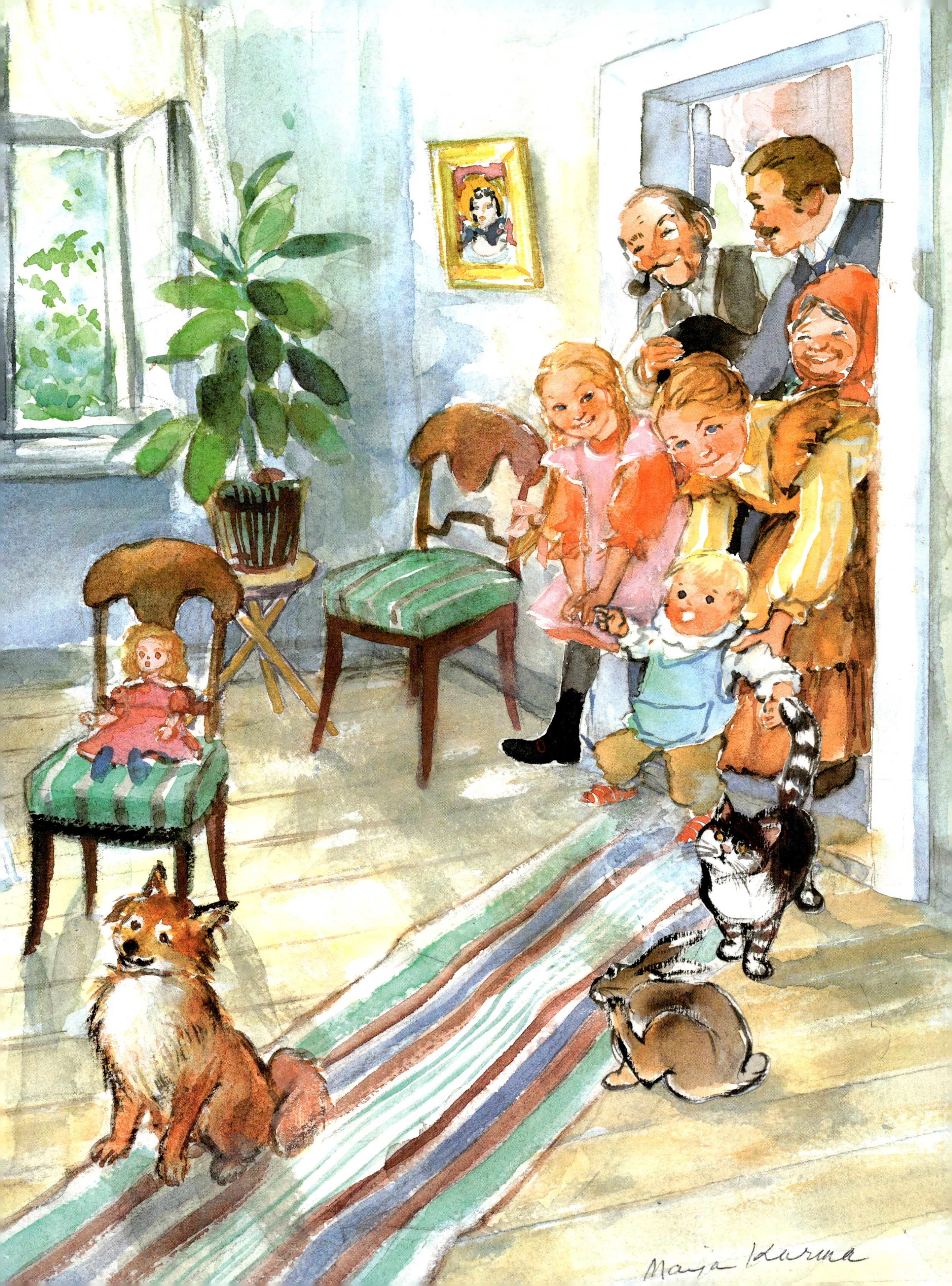
Maija Karma

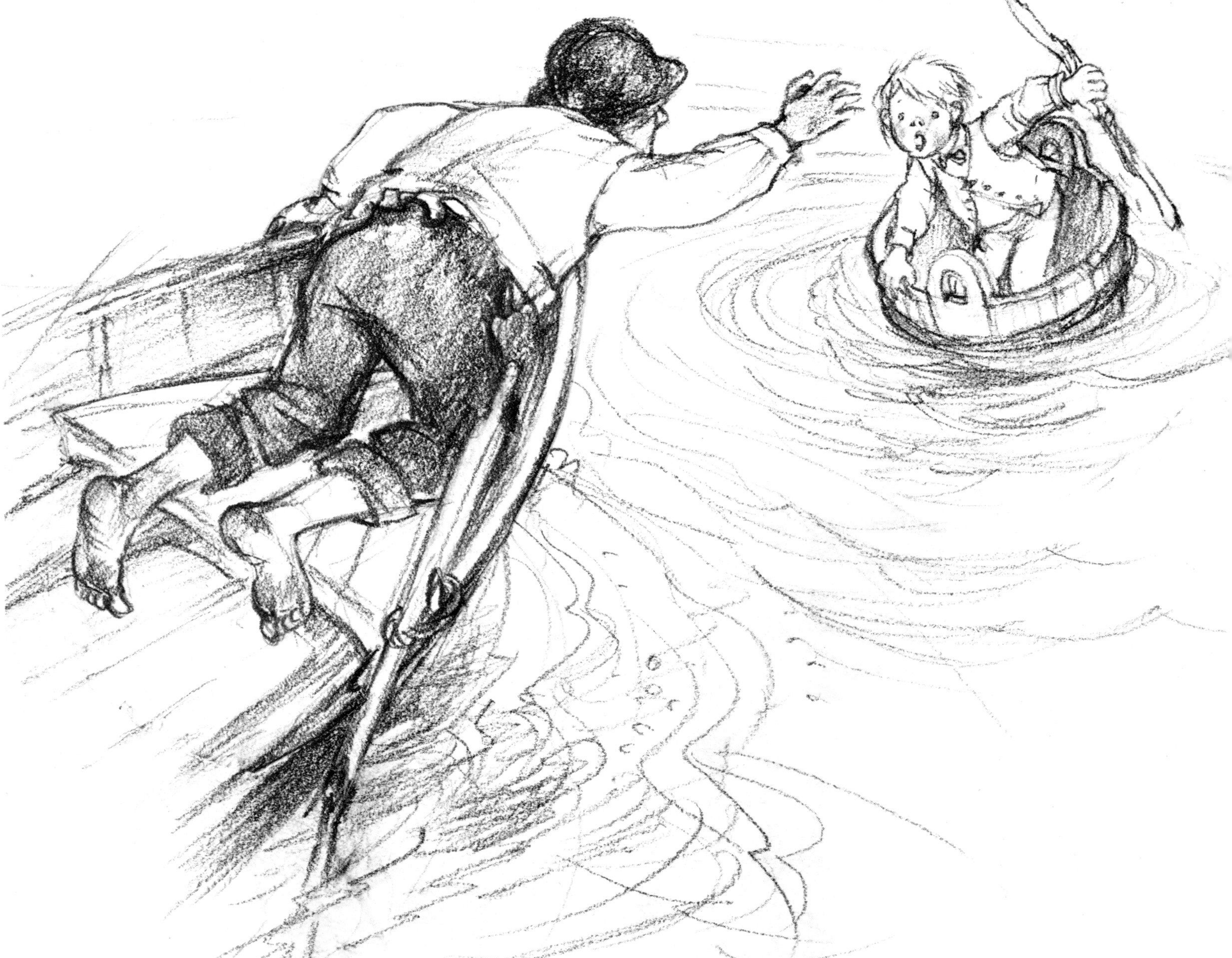

Walters Heimat, Sindbad und der gestreifte Rock

Ein Stückchen abseits vom Weg steht ein Hof, der heißt „die Heimat". Vielleicht erinnerst du dich noch an die zwei schönen Ebereschen an dem roten Zaun, an den Ziehbrunnen mit den großen Eimern und an den Garten mit den schönen Stachelbeersträuchern, die im Frühling immer als erste grün werden und dann im Sommer mit ihren herrlichen Beeren bis zum Boden herabhängen.

Hinterm Garten liegt ein Hag mit hohen Espen, die im Morgenwind säuseln, hinterm Hag ist der Weg, hinterm Weg ist der Wald und hinterm Wald die weite Welt. Auf der anderen Seite des Hofs aber ist der See, und überm See ist das Dorf, und ums Dorf herum schimmern Wiesen und Felder, manche gelb, manche grün.

In dem kleinen hübschen Häuschen mit den weißen Fensterrahmen, der schmucken Veranda und der sauberen Treppe, die immer mit feingehacktem Wacholder bestreut ist, wohnen gute, fleißige und ordentliche Leute. Da wohnen Walters Eltern, sein Bruder Frieder, seine Schwester Lotte, die alte Lena und Jonas und Karo und Bravo und Putti und Murri und der Kikeriki. Karo wohnt in der Hundehütte, Bravo im Stall, Putti wohnt meistens in der Gesindestube, Murri wohnt mal hier, mal da, und der Kikeriki wohnt im Hühnerhaus. Das ist sein Königreich.

Walter ist sechs Jahre, bald fängt er mit der Schule an. Lesen kann er noch nicht, aber er kann manches Andere. Er kann wie eine Krähe hüpfen, er kann auf dem Kopf stehen, Purzelbaum schlagen und Fingerhakeln, den Ball fangen, wippen und Scheibenschlagen, er kann Plötzen angeln, Schlittenfahren, Schneeballwerfen, er kann den Gockel nachahmen, kann Steckenpferd reiten, Butterbrote essen und Buttermilch trinken. Er kann seine Stiefel schieftreten, seine Hosen zerreißen und seine Ärmel durchwetzen, er kann sich durch die Finger schneuzen, kann Teller zerschlagen, den Ball ins Fenster werfen, wichtige Papiere mit Männlein vollmalen und den Faden vom Spinnrocken ziehen, er kann die Küchenbeete zertreten, sich an Stachelbeeren krankessen und von einer Tracht Prügel gesund werden. Ansonsten hat Walter ein gutes Herz, aber ein schlechtes Gedächtnis, was Vaters und Mutters Ermahnungen angeht, und darum widerfahren ihm so manche Abenteuer.

Eines schönen Sommermorgens, als Walter aufwachte, saß seine Mutter auf der Bettkante und küßte ihn und sagte: „Heute ist der 20. Juli. Gott segne dich, liebes Kind!"

Und im gleichen Augenblick kam auch Vater und küßte ihn, und die Geschwister waren schon angezogen, und Lena und Jonas waren in der Tür zu sehen, und alle sahen so fröhlich und geheimnisvoll aus, und Karo wedelte mit dem Schwanz, wie er zu tun pflegte, und Putti das Kaninchen huschte am Bett vorbei, Bravo auf dem Hof wieherte, und der Kikeriki auf dem Gartenzaun hielt eine Rede. Es war immer dieselbe Rede, ohne Variationen, aber es hörte sich sehr wichtig an, und das war die Hauptsache.

Walter, ein bißchen überrascht, rieb sich den Schlaf aus den Augen und versuchte zu lächeln. Er wußte schon, was das alles bedeutete: Es war sein sechster Geburtstag.

Mit einem Sprung war Walter aus dem Bett und suchte nach seinen Kleidern, die er am Abend vorher irgendwo fallengelassen hatte, denn unser guter Walter, so klein er auch war, war ein richtiger Schlamp, und da halfen alle Ermahnungen, er solle seine Sachen ordentlich auf den Stuhl legen, nichts. Aber heute blieb ihm die Schimpfe erspart, statt dessen reichte Mutter ihm funkelnagelneue Sommerkleider: graue Jacke, Hose und Weste – in einer Weste umherzugehen, das war wirklich was! Auch ein Hemd lag neu und gebügelt am Bettende, über der Stuhllehne hingen neue Strümpfe, und die kleinen Stiefel, die gestern abend so lehmverschmiert gewesen waren, standen feierlich geputzt am Bett. Flugs war Walter gewaschen und feingemacht, und das einzig Komische war, daß er in der Eile den rechten Stiefel auf den linken Fuß zog, das aber war ja nicht schlimm. Es ließ sich machen. Auch wenn's nicht richtig war, so war's doch keine Sünde.

Drüben im Wohnzimmer war der Geburtstagstisch gedeckt mit Blumen und Kränzen, einer Brezel und einem Schiff mit Masten, Segeln, Bugspriet und richtiger Takelung. Daran hatte Jonas, der einmal Seemann gewesen war, eine ganze Weile gearbeitet. So ein Schiff hatte sich Walter oft gewünscht, seine Freude war unbeschreiblich, und das Schiff mußte denn auch gleich einen Namen haben. Und einen stolzen Namen kriegte es: Es hieß Sindbad.

„Heut nachmittag rudern wir zur Fichtenau raus", sagte Vater, „und da kannst du probieren, wozu deine Sindbad taugt."

„Wär's nicht besser, Walter läßt sein Schiff im Wasserkübel segeln? Ich hab' so Angst vorm offenen Wasser", sagte Mutter ängstlich.

„Die Sindbad soll im Wasserkübel segeln?" fragte Walter beleidigt und enttäuscht.

„Na, wir werden ja sehn, wie brav du bist", sagte Vater. „Auf den See darfst du nicht allein rudern. Aber die Sindbad kannst du ja mitnehmen."

Gesagt, getan. Am Nachmittag ruderten sie alle im großen Boot zur Fichtenau hinaus. Das Wetter war herrlich, und der See war so ruhig, und die kleinen Weißfische schwammen in Schwärmen an der Wasseroberfläche und schnappten nach kleinen Larven, die von den Bäumen ins Wasser gefallen waren. Am Strand fanden sie Steine, schwarze und weiße, und manche waren wie dazu gemacht, daß man sie übers Wasser hüpfen

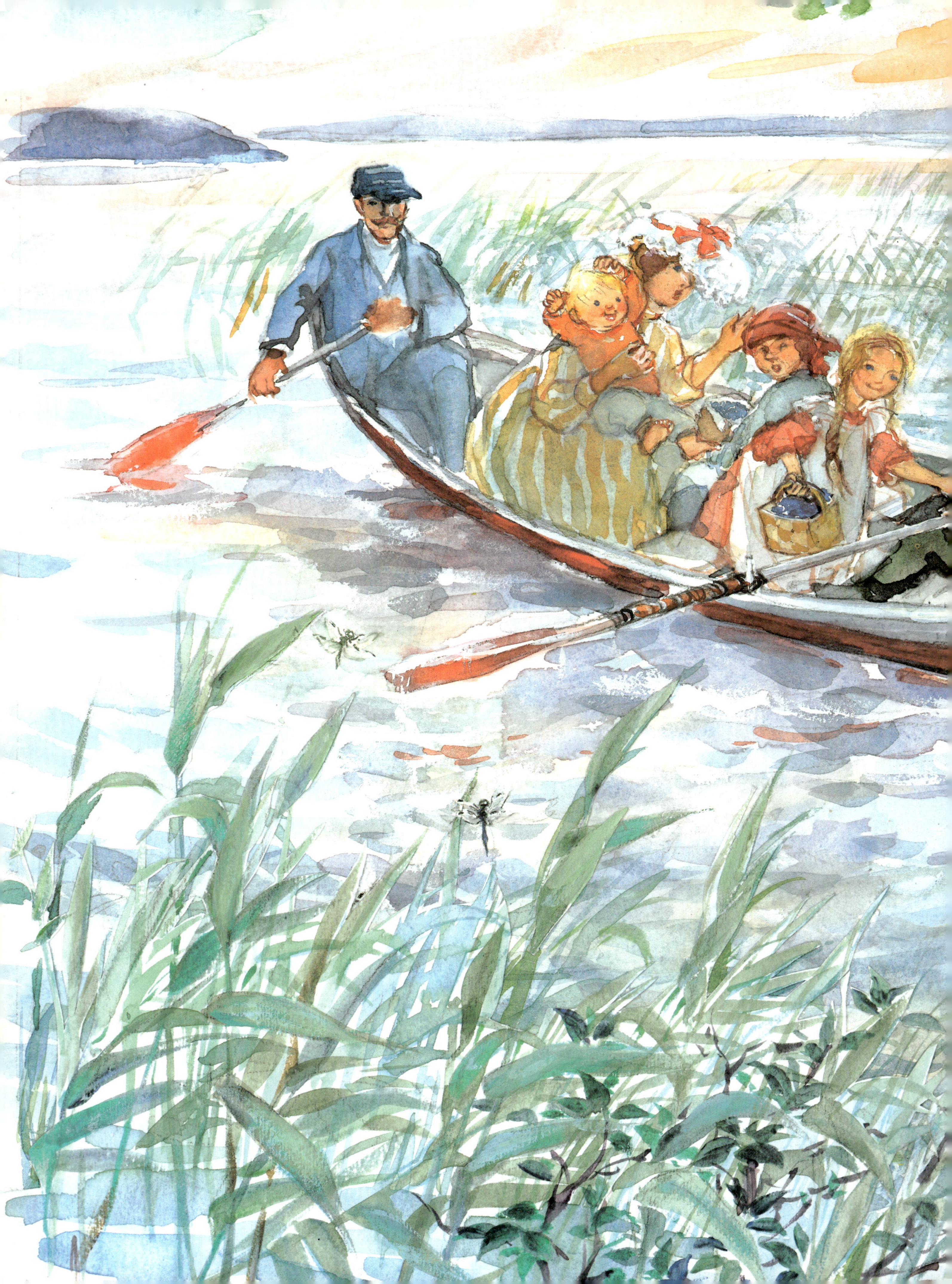

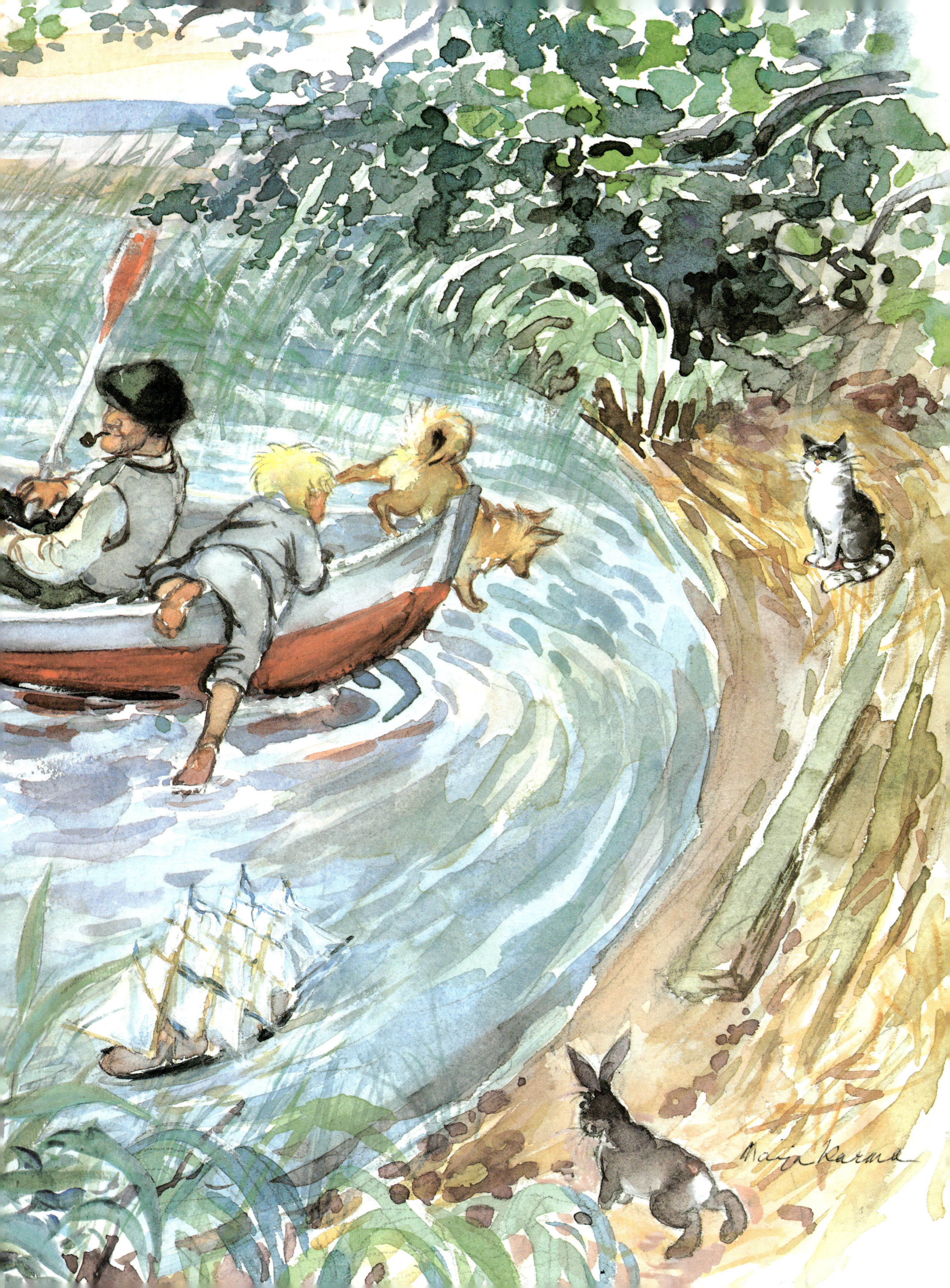

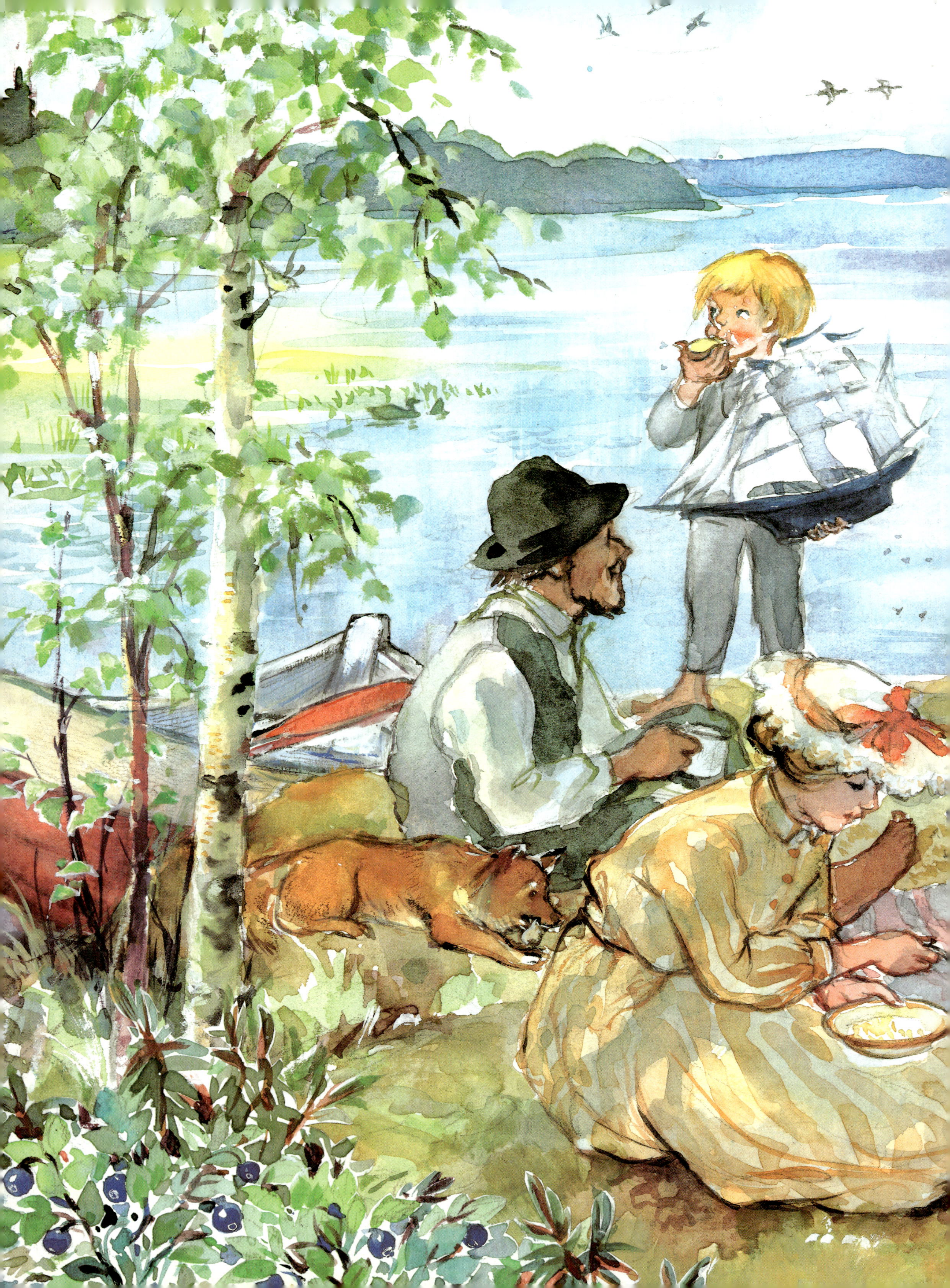

Maija Karma

ließ. Mutter ließ im Grünen Kaffee und kalte Gerichte auftischen, und noch nie hatten Schwarzbrot und frische Milch so gut geschmeckt – es war einfach herrlich. Das einzig Unangenehme war, daß auch die Mücken einen phantastischen Appetit hatten und Walter für ihr Butterbrot hielten, aber Walter verscheuchte sie mit einem Zweig und kämpfte wie ein Held, einer gegen tausend. Das war doch was, wie tapfer und schrecklich er war. Als sie gegessen hatten, nahm Vater seine Flinte und ging in den Wald, während Mutter und Lotte Himbeeren sammelten, Lena die Tassen spülte und Jonas den Auftrag bekommen hatte, auf die Buben aufzupassen. Die Sonne schien warm, Frieder schlief ein, und Jonas, der die Nacht vorher aufgewesen war, um die Sindbad fertigzubauen, schlief ebenfalls ein. Da überkam Walter die Lust, sein Schiffchen auszuprobieren.

Er ging zum Strand hinunter, belud die Sindbad mit weißen Steinen, setzte eine Ameise als Steuermann darauf und ließ sie nach Spanien segeln. Es wehte ein leichter Landwind, und Sindbad machte seinem Meister Ehre. Walter war sicher, daß er noch nie ein schöneres Schiff gesehen hatte. Wie stolz es auf den Kräuselwellen schaukelte! Wie es dahinflog! Wie prächtig es sich im Wind neigte! Die Sindbad segelte gen Spanien, aber Walter stand mit einer Schnur in der Hand am Strand und paßte auf, daß Spanien in der Geografie von Fichtenau nicht allzu weit weg zu liegen kam.

Plötzlich überraschte ihn ein Windstoß. Und gerade als es am lustigsten war, glitt der Bindfaden aus Walters Hand und – adieu Sindbad! Da segelte sie nun auf eigene Faust aufs weite Wasser hinaus.

Walter lief zum Boot, aber das Boot war groß und schwer, er kriegte es nicht ins Wasser. Er lief wie ein Verrückter den Strand entlang und schrie: „Sindbad fährt davon! Sindbad segelt tatsächlich nach Spanien!" Nun wohnte in der Nähe ein Fischer. Sein Boot war nicht am Platz, aber da lag ein alter Waschtrog umgekippt am Strand. Walter besann sich nicht lange, er schob den Trog ins Wasser, sprang hinein und stakte sich mit einem Stecken voran.

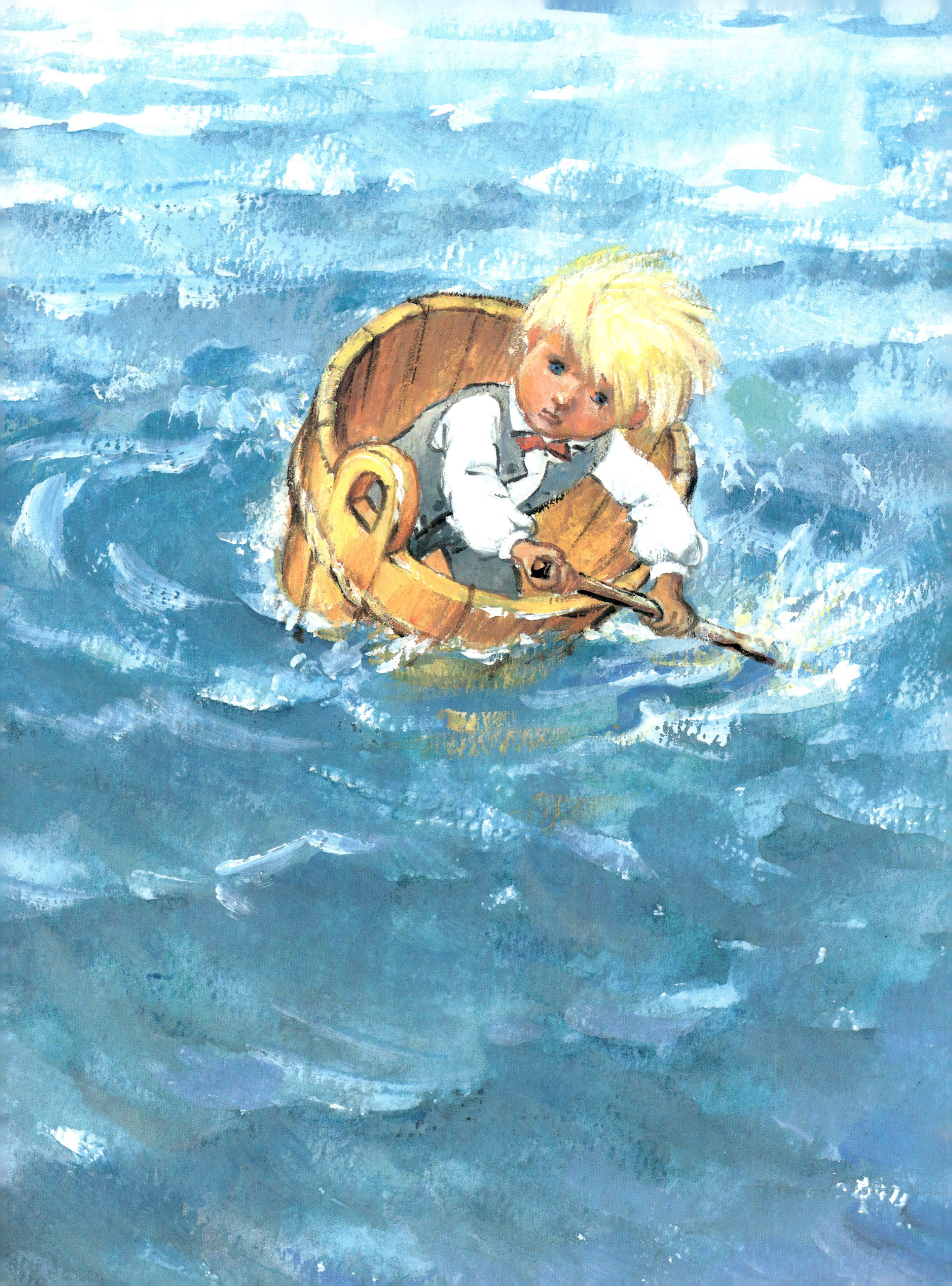

Der Trog war ein bißchen schaukelig, aber anfangs ging es ausgezeichnet. Der Wind wehte seewärts und trieb den Trog langsam hinaus aufs tiefe Wasser. Aber trotzdem kam Walter dem Ausreißer nicht näher, denn Sindbad segelte viel schneller.

Als Walter mit seinem Stecken keinen Grund mehr fühlte, war er verdutzt. Der Trog trieb immer weiter hinaus, er begann sich unter den Wellen zu neigen und schien fast zu kentern.

Jetzt fing Walter an zu schreien, so laut er nur konnte. Es fehlte nicht viel und Walters erstes Abenteuer wäre sein letztes gewesen.

Zum Glück wachte Jonas auf und bekam große Augen, als er weit draußen auf dem offenen Wasser einen kleinen schaukelnden Trog mit einem schreienden Jungen darin erblickte. Der gute alte Jonas war ein bißchen langsam zu Fuß, aber jetzt kriegte er's mit der Eile zu tun, er sprang zum Strand hinab, schob das Boot hinaus und ruderte in Richtung Walter, daß die Ruder nur so krachten. Walter sah es und fand seinen Mut wieder. „Glaub bloß nicht, ich hab Angst!" sagte er und stand voller Übermut in seinem Trog auf. Aber das war mehr als dieser aushielt, er kenterte, und Walter stürzte kopfüber ins Wasser.

„Seht euch doch diesen dummen Buben an!" schrie Jonas und ruderte so heftig, daß ihm ein Ruder zerbrach. Doch jetzt war er nahe genug heran, er packte Walter am Schopf und zog ihn ins Boot. Walter hatte einen guten Haarschopf. „Brrr", sagte Walter, als er aus dem Reich der Barsche auftauchte.

„Birg die Sindbad! Birg die Sindbad!" war das erste, was Walter schrie, den Mund noch voller Wasser. Und wie er triefte, und wie seine Stiefel klitsch, klatsch sagten, wenn er seine Zehen bewegte!

„Auch noch um die Sindbad soll ich mich kümmern", lachte Jonas halb belustigt, halb ärgerlich und arbeitete sich dann mit anderthalb Rudern wieder dem Ufer zu.

Hier gab's aber ein Hallo. Vater schimpfte, Mutter heulte, Lotte schluchzte, Frieder schrie, Lena zeterte, und Jonas sah verlegen aus. Walter selbst hatte gar keine Angst mehr, seitdem er wieder festen Boden unter den Füßen spürte, und fand das ganze nicht so gefährlich, er könne ja schwimmen.

„Ja, mit den Händen auf dem Grund", sagte Jonas.

„Ich hatte ja gar keinen Grund", antwortete Walter übermütig. „Du hättest mich in Ruhe lassen sollen, dann wär' ich schon an Land geschwommen!"

„Aber wo nehmen wir jetzt in der Eile bloß trockene Kleider her?" fragte Mutter. „Lotte, lauf doch mal zu den Fischern und frag, ob wir ein paar Kinderkleider borgen können!"

Lotte lief und kam nach einer Weile wieder. „Die haben nur einen kleinen Buben und ein größeres Mädchen", sagte sie. „Hier ist die Unterwäsche und der gestreifte Sonntagsrock und die Schuh und Strümpfe von dem Mädchen."

„Soll ich in Mädchenkleidern rumlaufen?" fragte Walter.

„Genau das, mein Junge!" sagte Mutter in ihrem bestimmten Ton, dem man besser nicht widersprach. „Das ist deine Strafe, und du kannst froh sein, daß du so glimpflich davonkommst. Eine Tracht Prügel hättest du verdient."

Es half nichts. Nach einer kleinen Weile war Walter angezogen und sah ganz seltsam aus in seinem gestreiften Rock. „Komm her, ich mach dir einen Scheitel!" sagte Lotte. Aber Walter schlenkerte mit den Armen und ging verdrossen in den Wald, bis seine eigenen Kleider trocken wären.

Als er ein Stück gegangen war, begegnete ihm ein Jäger, der ihn fragte: „Na, Kleine, kannst du mir sagen, wo hier der Fischer wohnt?"

„Ich bin kein Mädchen", sagte Walter und ging stolz vorüber.

Ein Stück weiter war eine alte Frau im Wald und sammelte Blaubeeren. Walter ging zu ihr, stemmte die Arme in die Hüften und sagte: „Ich bin kein Mädchen, ich bin ein Mann."

„Ach so", sagte die Alte und sammelte weiter.

Noch ein Stück weiter sammelten ein paar Bauernjungen Laub für die Schafe. „Schaut, da ist Fischers Brita", sagten

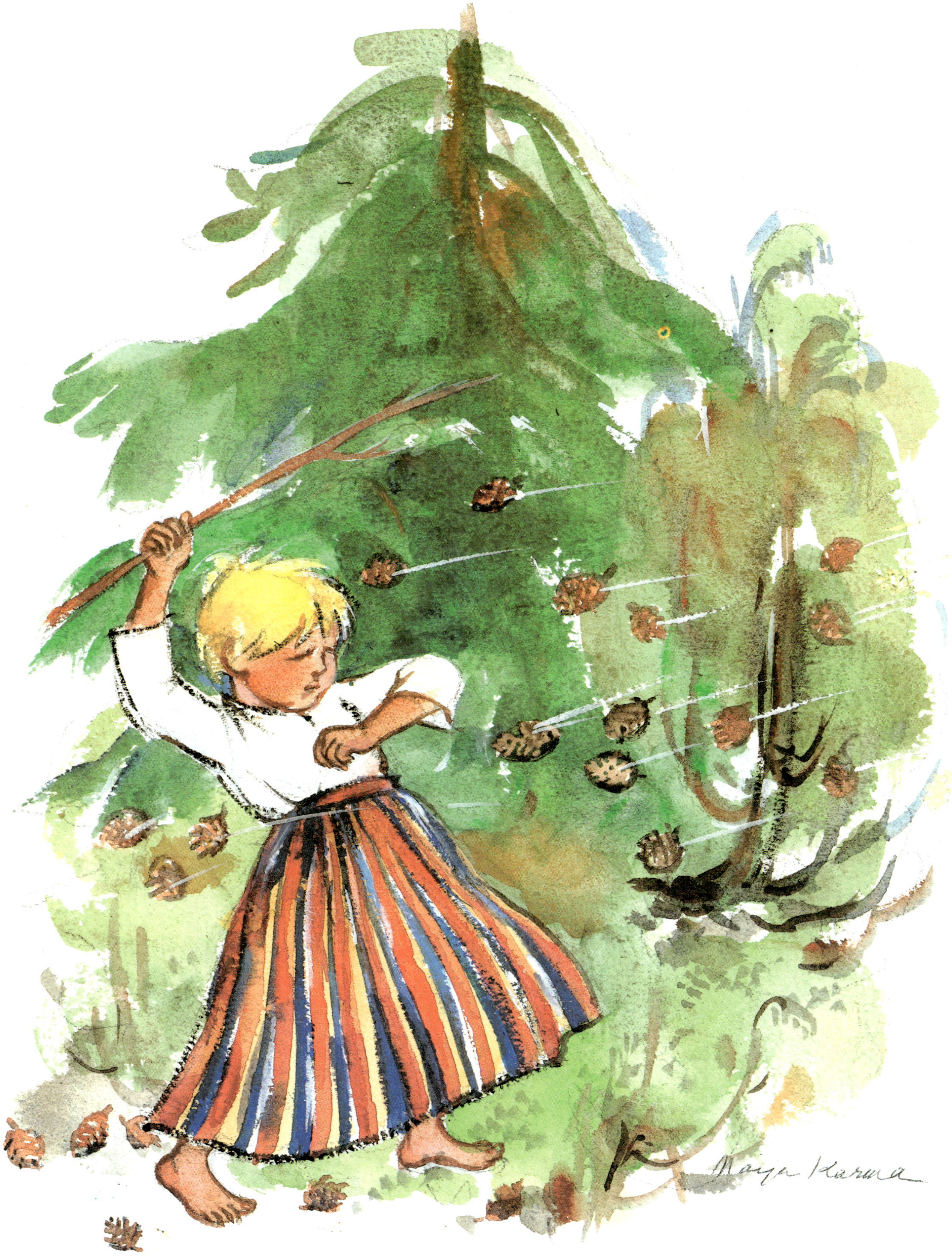

sie zueinander. „Die kann uns helfen, das Laub ins Boot zu tragen. He, Brita, was faulenzt du denn da im Wald?"

„Ich bin nicht eure Brita!" sagte Walter und brach sich sicherheitshalber einen guten Stock ab.

„Hört euch das mal an!" sagten die Jungen und fingen an, mit Tannenzapfen nach dem vermeintlichen Mädchen zu werfen. Walter warf zurück, und im Wald brach der Krieg aus. Die Kugeln schwirrten zwischen den Bäumen, aber der Feind war überlegen und Walter mußte die Flucht ergreifen. Es war nicht leicht, im Rock über die Baumstümpfe zu springen, wenn man an freiheitsliebende Beine gewöhnt war. Der Feind holte Walter ein und bombardierte ihn von allen Seiten. „Wir werden dir helfen zu faulenzen, statt dich nützlich zu machen", riefen die Jungen.

„Ich bin kein Mädchen, ich bin ein Mann!" schrie Walter und schlug mit dem Stock um sich. Als das nichts half, kam er auf die Idee, seinen Rock abzustreifen und im Stich zu lassen. Der Rock blieb an einem Wacholderstrauch hängen, und Walter floh in recht eigenartiger Aufmachung. Die Jungen lachten, Häher und Eichhorn in den Bäumen lachten, und der ganze Wald hatte seinen Spaß. Schweißgebadet und mit rotem Kopf kam Walter zurück an den Strand. „Ich will kein Mädchen sein, nein, nie in der Welt will ich mehr ein Mädchen sein!" rief er schon von weitem mit vor Tränen erstickter Stimme.

„Nicht weinen, mein Lieber", sagte die Mutter, „Mädchen sind doch genau so gut wie Jungen. Sieh hier, deine Kleider, zieh sie an, sie sind jetzt trocken. Lotte geht den Rock holen und bringt ihn den Fischersleuten zurück."

Walter zog sich um. Das ging wie im Flug. Er fühlte sich so leicht und frei und bequem in seinen Kleidern. Jetzt durfte er wieder ein Junge sein, jetzt war er ein Mann, jetzt fühlte er sich stark genug, mit Tannenzapfen gegen ein ganzes Bataillon zu kämpfen. Er hatte eine furchtbare Demütigung erlitten. Wie kann man tapfer sein, dachte Walter, wie kann man ein Haudegen sein, ein Matador, ein Held, wenn man das schreckliche Unglück hat, einen Rock anzuhaben?

Dann fuhren sie alle nach Hause. Walter saß am Bootsrand und hielt seinen Stock ins Wasser, und um den Stock bildete sich ein kleiner Strudel. Das Wasser war glatt wie Glas, und die Abendwolken erröteten vor Bewunderung, als sie ihre Schönheit im Spiegel sahen. Das Merkwürdige war, daß unten im Wasser auch ein Himmel war, genau so tief wie der obere Himmel hoch war, und da unten schwammen rosa Wolken, genauso wie da oben. Walter dachte bei sich, wenn das glatte Wasser aus Glas wäre, ach, wie schön wär's doch, darauf Schlittschuh zu laufen. Er fand es fast schade um einen so schönen Spiegel, als Jonas mit den Rudern das Glas zerbrach und das Boot einen langen Riß hineinmachte. Und als das Boot das heimatliche Ufer erreichte, sah es seltsam aus, wie alle Birken im Wasser auf dem Kopf standen und die Sonne der Tiefe durchs grüne Laub schimmerte und die Vögel der Tiefe da in den Zweigen unter Wasser herumflatterten.

Kaum hatte das Boot am Steg angelegt, als Walter aufschrie und als erster an Land sprang. Was war es wohl, was er dort sah und was ihn so gefangennahm? Was sonst als sein eigenes stolzes Schiff, seine vermißte, verlorene Sindbad, die da lag und in den sanften Uferwellen schaukelte! Die Sindbad hatte einen geschickten Steuermann gehabt, der zu navigieren verstand: Die Ameise hatte am Ruder gestanden wie ein ganzer Mann und hatte geradeaus Kurs auf den richtigen Hafen gehalten. Gewiß lag die Sindbad ein bißchen schief, und ein Großteil der Ladung war über Bord gegangen, aber solche Ware war in Spanien ja genug zu haben. Und die Sindbad unternahm noch eine ganze Reihe von Fahrten, beladen mit Steinen, Ameisen und guten Hoffnungen.

Hoffnungen sind ein leichter Ballast, der oft verschüttgeht, aber das macht nichts, solange nur eine Arbeitsameise am Steuer steht und die Sindbad des Lebens schließlich ihren rechten Hafen erreicht.

Walter sucht einen Schatz und will reich werden

Hinten im Wald lag ein kleiner Bauernhof, da wohnte ein alter Kleinbauer mit seiner Bäuerin. Er war früher einmal Soldat gewesen und hatte sich tapfer gegen den Feind geschlagen, aber jetzt war er müde in seinem Alter und ganz grauhaarig, und das war auch seine Frau. Trotzdem arbeiteten beide, soviel es ging, auf ihrem kleinen Kornfeld und ihrem Kartoffelacker neben dem Haus. Manchmal schoß der Alte ein paar Birkhühner im Wald, und die Bäuerin band im Frühsommer schöne Saunaquaste aus jungen Birkenreisern. Die verkauften sie in der Stadt und bekamen so ein bißchen Geld, um Tabak in die Stummelpfeife des Bauern zu kaufen und etwas Kaffee in die blanke Kaffeekanne seiner Alten für Sonntagnachmittag.

Es waren stille und gottesfürchtige Leute, die keinem Menschen etwas zuleid taten. Dennoch wurde unter den Leuten im Dorf allerlei über sie geredet. Man sagte, der Bauer wisse von einem großen Schatz, der irgendwo im Wald vergraben sei, nur er allein wisse, wie man an den Schatz herankomme. Es kam auch vor, daß der eine oder andere sich heimlich mit Hacke und Spaten hinausschlich, um den Alten zu überreden, ihm die Stelle zu nennen und dann das Geld zu teilen. Aber da lächelte der alte Soldat und sagte, wohl habe er einen Schatz, und gern könnten die anderen ihn auch haben, aber der sei anders, als ihn sich die Leute vorstellten. Und da wußten die Leute nicht, was sie glauben sollten, aber alle waren sich darüber einig, daß der Alte ein Geheimnis wußte, mit dem er nicht herausrücken wollte.

Jonas, der für Walters Eltern arbeitete, war ansonsten ein tüchtiger Kerl, aber er war furchtbar abergläubisch. Er erzählte Walter abends oft, wie im Wald ein Irrlicht brenne und daß, wer das Licht sehe, hinlaufen müsse, ohne sich umzusehen und ohne ein Wort zu sagen, und Stahl ins Feuer werfen müsse. Dann sehe er einen großen kupfernen Kessel voller Goldstücke, ganz nahe unter der Erdoberfläche, und den müsse er dann packen und den Schatz heben. Aber da der Kessel sehr schwer sei, brauche man auch noch andere Kunststücke, um ihn aus der Erde herauszukriegen, und wie das richtig zugehe, könne niemand anders sagen als der Bauer.

Sowas hörte sich Walter mit großer Spannung an und fand, es könnte schon ganz lustig sein, einen ganzen Kessel voller Goldstücke zu haben. „Ich weiß nur nicht, was ich mit dem Geld anfangen soll", sagte er. „Vielleicht geb ich's Vater."

„Das wird wohl das beste sein", antwortete Jonas. „Es wird sich schon ein Rat finden, die Hauptsache ist, du hast erst einmal den Kessel. Das ist nicht so leicht, Walter, wie du glaubst."

„Den werd ich schon kriegen", sagte Walter. „Weißt du, ich bin furchtbar stark, wenn ich erst einmal was anpacke. Außerdem nehm ich den Bauern mit. Vater wird das Geld für mich verstecken, bis ich groß bin, und dann werd ich herrliche Sachen damit machen. Erst bau ich ein großes Schloß mit silbernen Mauern und goldenen Toren, da wohnen wir dann alle, und du kriegst auch ein Zimmer, Jonas. Dann kauf ich mir schöne Pferde mit bunten Sätteln und Zaumzeug und eine goldene Kutsche, und du stehst hinten drauf, Jonas. Ein Schiff will ich haben mit bunten Segeln und Flaggen, viel besser als die Sindbad, und die besten Schlitten und Schlittschuhe und Bälle auf der ganzen Welt. Jeden Tag werden wir Pfannkuchen zu Mittag haben. Außerdem will ich eine vergoldete Trommel haben und einen langen Säbel und eine richtige Flinte mit Pulverhorn und Kugeln und Zündhütchen."

„Und mit der wirst du Wölfe schießen", fiel Jonas ein bißchen spöttisch ein.

„Vielleicht", antwortete Walter verlegen. „Ich hab schon keine Angst, auch wenn's ein Bär ist."

„Jetzt gibst du aber wieder an, Walter", sagte Jonas. „Erinnerst du dich nicht mehr, wie du vor Karo weggelaufen bist?"

„Ich bin sicher, daß noch Geld übrigbleibt", beeilte sich Walter zu sagen. „Für den Rest kann ich dann ja Brezeln kaufen, ich weiß nur nicht, ob ich sie alle aufessen kann, bevor sie trokken sind."

„Da wär's vielleicht besser, dem Bauern ein neues Haus zu bauen und der Alten eine Kuh zu kaufen", sagte Jonas. „Das könnten sie gebrauchen. Und außerdem gibt es so viele arme Kinder ohne Kleider und Essen auf der Welt."

„Gut, daß du daran denkst, Jonas", antwortete Walter. „Das Haus werd ich bauen, und die Kuh vergeß ich auch nicht. Und alle kleinen armen Kinder kriegen Kleider und Essen."

„Aber noch hast du ja kein Geld, Walter", fiel Jonas ein.

„Ja, aber es ist so gut, als hätt ich's schon", sagte Walter. „An einem der nächsten Tage geh ich zum Bauern. Komm du mit, Jonas, dann sind wir drei. Es ist besser, man hat Gesellschaft, wenn's im Wald dunkel ist."

„Ich hab keine Zeit", sagte Jonas. „Du mußt schon allein gehn, Walter. Viel Glück!"

„Vielen Dank", sagte Walter.

Nun geschah es, daß Walter am gleichen Abend in den Hag ging, um sich einen guten Ebereschenstock für eine neue Angelrute zu schneiden, und Schreiners kleine Marie war auch da, um zum Sonntag frische Wacholderzweige zu holen. Walter dachte an den großen Kupferkessel und sein neues Silberschloß, und an des Bauern neues Haus und die Kuh und all die armen Kinder, die Kleider und Essen kriegen würden. Mal schauen, ob im Wald kein Irrlicht zu sehn ist, dachte er. Ja, und gerade als er daran dachte, sah er weit hinten zwischen den Bäumen ein hohes Feuer leuchten. Da fing sein kleines Herz an, gewaltig zu klopfen. Das muß ein Irrlicht sein, dachte er. Ich seh keinen Rauch, und Irrlichter haben ja gewöhnlich keinen Rauch.

„Kommst du mit zum Bauern, Marie?" fragte Walter, „ich weiß nicht richtig, ob ich hinfinde." Die Sache war die, daß er ganz gut hinfand, aber er war sich nicht sicher, weil er nicht gern allein durch den Wald ging.

„Warte einen Augenblick, bis ich die Schürze voll mit Wacholder hab, dann komm ich mit", sagte Marie. „Ich muß auf dem Heimweg ja sowieso da vorbei."

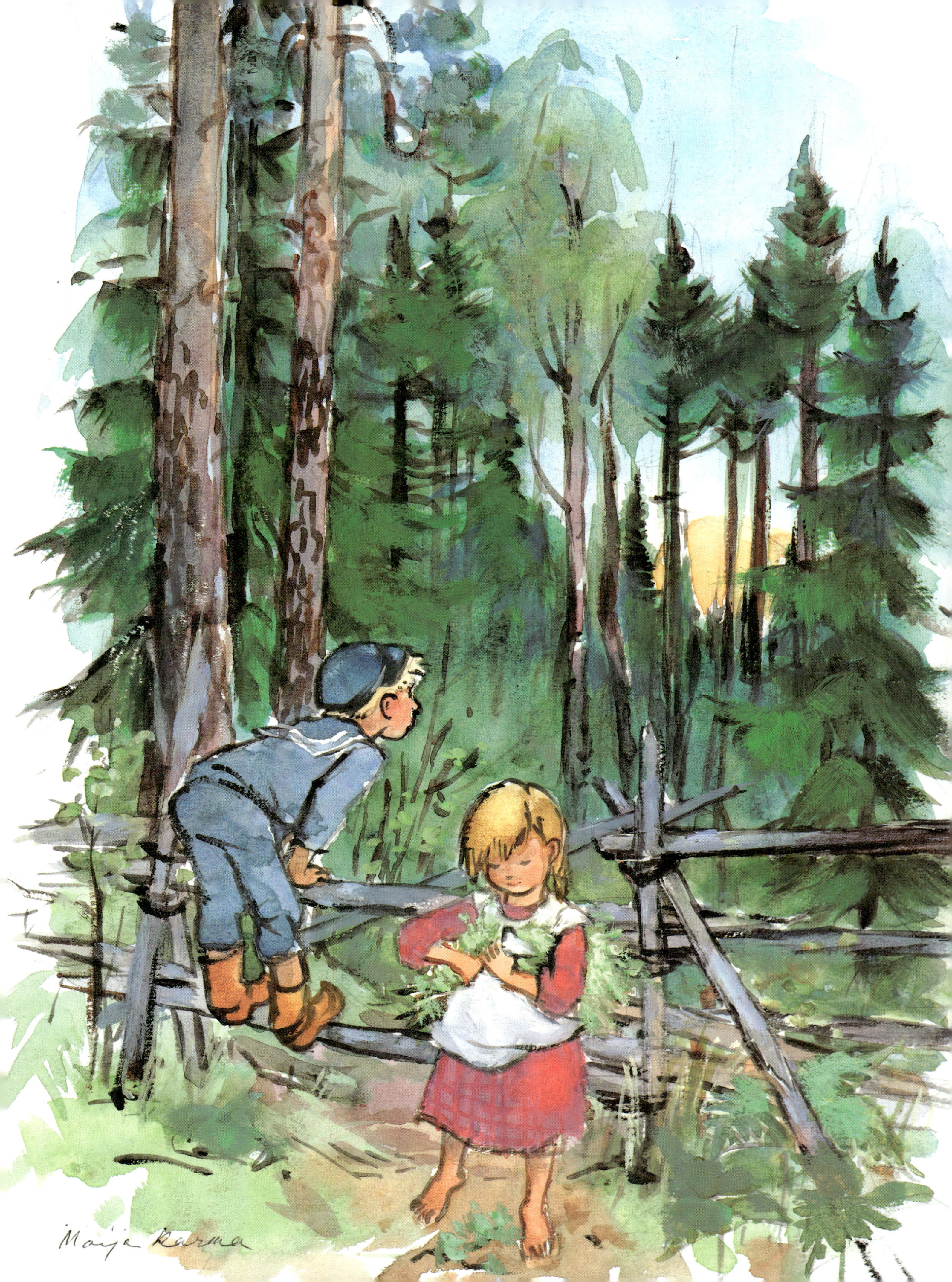
Maija Karma

Na gut, Walter wartete und sah zum Feuer hinüber, das immer größer wurde, und dann gingen die Kinder los. Nach einer kurzen Weile kamen sie ans Bauernhaus, und das Feuer war zeitweise durch die Bäume im Wald verdeckt.

„Also tschüs!" sagte Marie.

„Tschüs mit dir!" sagte Walter und ging ins Haus. Ganz mutig trat er ein; er hatte doch keine Angst vor einem alten Bauern! Aber ein bißchen verlegen wurde er doch, als er den Bauern da so ruhig und andächtig seiner Alten aus einem großen Buch vorlesen sah. Er hatte kaum Mut zu sagen, weshalb er gekommen war.

Aber da er nun einmal hier war, mußte es wohl raus. „Lieber Onkel", sagte er, „haben Sie das große Irrlicht gesehen, das da im Wald brennt?"

Der Alte sah von seinem Buch auf und betrachtete Walter mit einem merkwürdig freundlichen und dennoch verschmitzten Blick. „Ach so", sagte er, ohne sich aufs geringste überrascht zu zeigen, „woher weiß der junge Herr denn das?"

„Ich hab's gesehn", rief Walter eifrig. „Kommen Sie raus, dann sehn Sie's auch, wir müssen nur ein Stückchen den Weg runtergehn."

„Ist sich der junge Herr sicher? Na, dann muß ich wohl mitkommen, um es auch zu sehn", sagte der Alte.

„Ja, kommen Sie, kommen Sie schnell", sagte Walter und zog den Alten mit sich hinaus auf die Treppe und dann weiter hinaus auf die Landstraße.

„Ich seh aber kein Feuer", sagte der Alte.

„Warten Sie ein bißchen, wir sehen's gleich, wenn wir auf der Anhöhe sind", versicherte Walter.

Und richtig, so war's. Als sie auf die Anhöhe kamen, erblickten sie beide dasselbe große Feuer, das Walter zwischen den Bäumen gesehen hatte. Es war jetzt höher gestiegen, hatte sich über die Baumwipfel erhoben und war so groß und rund wie ein Wagenrad. Da stand Walter betroffen und verdutzt. Was er für ein Feuer gehalten hatte, war der Vollmond, der in der Abendstille über den Wald wanderte.

„Und so weit ist der junge Herr gelaufen, um den Mond zu betrachten?" fragte der alte Bauer.

„Das ist aber merkwürdig", sagte Walter verlegen, „der Mond sah wirklich aus wie ein Irrlicht."

„Was meint der junge Herr denn mit Irrlicht?"

„Ein Feuer, das über einem Schatz oder einem unterirdischen Versteck brennt."

„Nun, dann ist der Mond wohl auch ein Irrlicht", sagte der Alte. „Er leuchtet ja jede Nacht über den Schätzen der Erde. Er ist ein Widerschein der Sonne, die über die ganze Erde scheint und über die Arbeit des Tages."

„Was sind das für Schätze, über denen der Mond leuchtet?" fragte Walter neugierig.

„Er leuchtet über dem Frieden der Erde, über dem Schlaf des Arbeiters und der Ruhe des Gewissens", sagte der alte Bauer. „Arbeit ist was Herrliches, sie hält Leib und Seele gesund und gibt uns, mit Gottes Hilfe, unser täglich Brot. Aber nach der Arbeit ist auch die Ruhe eine herrliche Gottesgabe. Der Mond ist das Auge der Nacht, das über den Frieden der Menschen wacht."

Walter hörte nachdenklich zu, aber sein Kopf war so voll von unterirdischen Verstecken und Irrlichtern, daß er nicht so einfach nachgab. „Lieber Onkel", sagte er, „ich weiß aber, daß Sie mir einen Schatz hier im Wald zeigen könnten. Wenn ich nur reich werde, dann bau ich Ihnen ein neues Haus, und Sie kriegen eine prächtige Kuh, und alle Armen sollen viel Geld haben."

„Wirklich?" fragte der alte Bauer. „Nun, dann will ich dem jungen Herrn sagen, daß ich wirklich einen großen Schatz habe, von dem alle Armen reich werden."

Walter sperrte die Augen auf. „Wo haben Sie den denn, lieber Onkel? Kommen Sie, wir gehen ihn suchen!"

„Da brauchen wir gar nicht weit zu gehn", sagte der Alte. „Den Schatz hab ich zu Haus in der Stube."

„Zu Haus in der Stube? Darf ich den wirklich sehen? Jetzt gleich?"

„Aber sicher. Komm nur mit!"

Und so gingen sie ins Haus zurück, und Walter sah sich neugierig um, ob es nicht irgendwo in den dunklen Ecken von Gold und Silber glitzerte. Aber die Stube war so armselig, daß da nur ein Herd und ein Bett standen, und eine Bank und ein Tisch und ein Kochtopf und ein Spinnrocken, und an der Wand hingen eine Flinte und ein Beil und ein alter Säbel und ein Ledergürtel. In der dunkelsten Ecke war tatsächlich etwas, das wie Kohlen glühte, und Walter fand, es sähe unheimlich aus, aber bei näherem Hinschauen waren es die Augen einer alten grauen Katze, die vor einem Loch in den Dielen auf Mäuse lauerte.

„Na, wo haben Sie denn Ihren Schatz, lieber Onkel?" fragte Walter, als er keine Spur des erwähnten Kupferkessels sah.

„Hier!" sagte der Alte und führte Walter zu dem kleinen Tisch, wo die Bibel aufgeschlagen lag. „Hier ist mein und aller Menschen Schatz, und das ist Gottes Wort. Von dem Schatz werden alle Armen reich, alle Traurigen werden froh, alle Unglücklichen und Betrübten auf der Erde erhalten davon ewige Freude. Diesen Schatz braucht man nicht im finsteren Wald zu suchen und aus der Erde auszubuddeln. Und an Gold und Silber hat man auch keine rechte Freude, sondern eher Sorgen und eitel Glanz und ein unruhiges Gewissen. Aber von Gottes Wort kommt Trost und Freude im Leben und im Tod, und Gottes Kinder werden von den heiligen Engeln vor Not und Gefahr bewahrt. Sieh, Walter, diesen Schatz solltest du suchen, das wäre viel besser als auf das Geschwätz unverständiger Leute hin herumzulaufen und in der Erde nach Kupferkesseln zu buddeln, die es vielleicht nie gegeben hat."

Walter fing an zu weinen. „Ist denn da im Wald wirklich kein Schatz?" fragte er.

„Es kann ja sein", sagte der Alte, „daß die Menschen früher, als hierzulande Krieg und Feinde herrschten, ihr Eigentum in der Erde vergraben haben und dann gestorben sind, bevor sie die Gelegenheit hatten, es wieder auszugraben. Manchmal passiert es auch, daß der Bauer Silbermünzen und andere Sachen in der Erde findet, die nicht von Rost und Feuchtigkeit aufgefressen werden. Aber was die Leute von Irrlichtern und Ähnlichem reden, ist Aberglaube, über den ein kluger Mensch lacht. Komm, ich zeig dir, was ich einmal da drüben am Hügel gefunden habe."

Darauf nahm der Alte vom Bord ein altes Stück Eisen, das so vom Rost zerfressen war, daß man kaum sah, was es einmal gewesen war. „Sieh mal", sagte er, „dieses rostige Stück Eisen war einmal ein Schwert und muß einem hohen und vornehmen Krieger gehört haben, denn man kann noch sehen, daß es am Heft mit Gold eingelegt war. Vielleicht war es das Schwert eines mächtigen Königs oder Häuptlings, mit dem er viele Feinde getötet und sich Länder und Völker unterworfen hat. Solche Sachen soll man aufbewahren als Erinnerung an vergangene Zeiten. Aber jetzt ist dieser mächtige König schon lange tot, und seine Knochen modern in der Erde, und sein Name ist vielleicht für immer vergessen, und sein Schwert ist verrostet und liegt zwischen anderem Schrott auf dem Bord des Bauern. Derselbe König hatte vielleicht einmal ein goldenes Schloß und Kammern voller Gold und Silber und prächtige Kleider und alle Gaben dieser Welt. Das alles ist jetzt fort und vergangen, vom Feuer zerstört und im Meer versunken, in der Erde begraben, so daß nicht ein Stückchen davon übrig ist. Aber derselbe König kannte vielleicht auch Gottes Wort aus der Bibel, auch wenn er sich vielleicht nicht so sehr darum kümmerte, sondern das heilige Buch womöglich zwischen allerlei Krimskrams auf einem Bord herumliegen ließ, wie ich jetzt das Schwert hier, und fand, er habe andere, viel wertvollere Schätze. Diese Schätze aber sind jetzt weg wie Rauch, aber dasselbe ewige Wort Gottes ist nach wie vor da, und es vergeht nicht und rostet nicht, und es verbrennt auch nicht im Feuer oder versinkt im Meer, es wird nicht in der Erde begraben, sondern es ist zu allen Zeiten dasselbe, voller Gnade, Wahrheit und Reichtum. Was meinst du dazu, Walter?"

Walter antwortete nicht. Er fand es merkwürdig, den alten Bauern so reden zu hören. Es kam Walter vor, als sei er selber viel ärmer als der Bauer.

„Ja, geh du jetzt brav heim, ich komme ein Stückchen mit", sagte der Alte. „Geh heim, Walter, und denk daran, was ich gesagt habe. Nimm den Mond als Wahrzeichen, und denk jedesmal, wenn du den Mond siehst, daran: Das ist derselbe Mond, hinter dem ich einmal wie ein kleiner Narr hergelaufen bin, als ich im Wald nach Schätzen suchte. Damals hab ich erfahren, daß es einen Schatz gibt, der viel besser als alle anderen ist, und der Schatz ist Gottes Wort, und den will ich suchen, denn dann bleib ich mein Leben lang reich, und reicher als manch ein König in seinem goldenen Schloß."

Ist man faul, soll man auf seinen Schopf aufpassen

Es war Zeit für Walter, mit der Schule zu beginnen. Er war ja sechs Jahre alt, er konnte im Waschtrog segeln, er konnte Scheiben schlagen, Schlittenfahren und allerhand andere nützliche Dinge verrichten. Außerdem kannte er Löwen und Tiger, Elefanten und Nashörner aus seinem Bilderbuch, von seiner engen Freundschaft mit Karo, Bravo, Putti und Kikeriki ganz zu schweigen. Aber wenn es hieß, ein ordentliches Buch zu lesen, richtig gedruckt mit Titelblatt, Einband und kleinen und großen Buchstaben, ja, da sah Walter nichts als merkwürdige Striche, die einen krumm, die anderen gerade, und alle zusammen schwarz wie die Fliegen. Walter fand, Lesenlernen sei das Allerunnötigste auf der Welt. Er hatte von Räuberhauptleuten und anderen tapferen Männern in alten Zeiten gehört, die weder lesen noch schreiben gekonnt hatten. „Wenn ich groß bin, nehm ich meinen langen Degen und mach damit mein Zeichen, wo mein Name hin soll. Und wenn ich was lesen muß, dann schick ich nach irgendeinem Mönch, der mir vorliest, so machen's andere Räuberhauptleute auch."

„Lieber Walter", sagte die Mutter, „du willst doch kein Räuber werden und Menschen totschlagen oder anderer Leute Hab und Gut stehlen. Das ist häßlich, mein Junge. Und außerdem gibt's hierzulande gar keine Mönche. Hast du darüber schon einmal nachgedacht?"

„Wenn's keine Mönche gibt, dann gibt's Schulbuben", antwortete Walter. „Denen befehl ich, mir vorzulesen."

„Aber wenn du nicht lesen kannst, halten sie dich zum Narren", sagte der Vater. „Du bleibst dumm wie ein Stock, und alle gescheiten Jungen lachen dich aus. Du erfährst nichts von all dem Guten und Nützlichen, das in den Büchern steht, und du hörst nichts von Gottes Wort und kannst keines von den schönen Märchen lesen. Der Ochs auf der Weide brummt dir zu: Ich bin besser als du. Karo unter der Treppe bellt dich aus: Ich bin klüger als du. Wenn du in den Wald gehst, rufen die Bäume einander zu: Da kommt der dumme Walter, der nicht lesen kann! Der geringste Schmetterling, der um die Blumen herumflattert, wird dir sagen: Ich kann alles, was ich können muß, aber Walter kann nicht, was er können muß, was er aber bald lernen würde, wenn er nicht so faul wäre. Da gehst du völlig unnütz durch die Welt, und alle Dinge in der Natur und all die armen Kinder rufen dir zu: Ach, wenn uns nur jemand lesen beigebracht hätte, dann wären wir bestimmt nicht so dumm wie Walter es jetzt ist!"

„Aber ich will nicht lesen, ich will den ganzen Tag herumtollen und spielen!" rief Walter.

„Was du willst", sagte Vater darauf, „weißt du, wo das steckt? In Mutters Nähkorb steckt das! Morgen fängst du bei Tante Susanne an, lesen zu lernen, und damit Schluß!"

Am Abend, als Walter sich schlafen gelegt hatte, dachte er: „Heute nacht schlaf ich nicht, und wenn alles still ist, hau ich ab in den Wald. Da find ich bestimmt einen Räuber, und den bitt ich, mir beizubringen, wie man Räuberhauptmann wird, wenn man groß ist. Sowas ist viel lustiger als lesen lernen."

Gerade als er das ausgedacht hatte, kriegte er Sand in die Augen, das Sandmännchen kam, und Walter schlief wie ein junges Ferkel bis zum Morgen.

Morgens früh um sieben kam Mutter ans Bett. „Steh auf und zieh dich an, dann bringen wir dich zur Schule", sagte sie.

Walter fing an zu weinen.

„Da gibt's doch nichts zu weinen", tröstete die Mutter. „Du lernst es schon, genauso wie alle andern. Laß es uns erst mal versuchen, dann wirst du schon sehen."

Was war zu machen! Walter mußte zur Schule, und mit schweren Schritten folgte er der Mutter zur gefürchteten Tante Susanna. Sie war eine strenge Person, wie Schulmeisterinnen manchmal sind, wenn sie sich lange genug mit faulen Buben herumschlagen. Sie hatte eine Mütze auf dem Kopf und eine braune Jacke an und eine grüne Brille mit Messinggestell, die ihr fest auf der Nase saß. Sie saß in einem hohen Lehnstuhl neben dem Tisch, und neben sich hatte sie einen Strickstrumpf und ein Wollknäuel und eine Rute. Am Tisch saßen vier andere Kinder, zwei Jungen und zwei Mädchen. Im Zimmer stand ein großer Schrank, an der Wand hingen zwei Bilder aus der biblischen

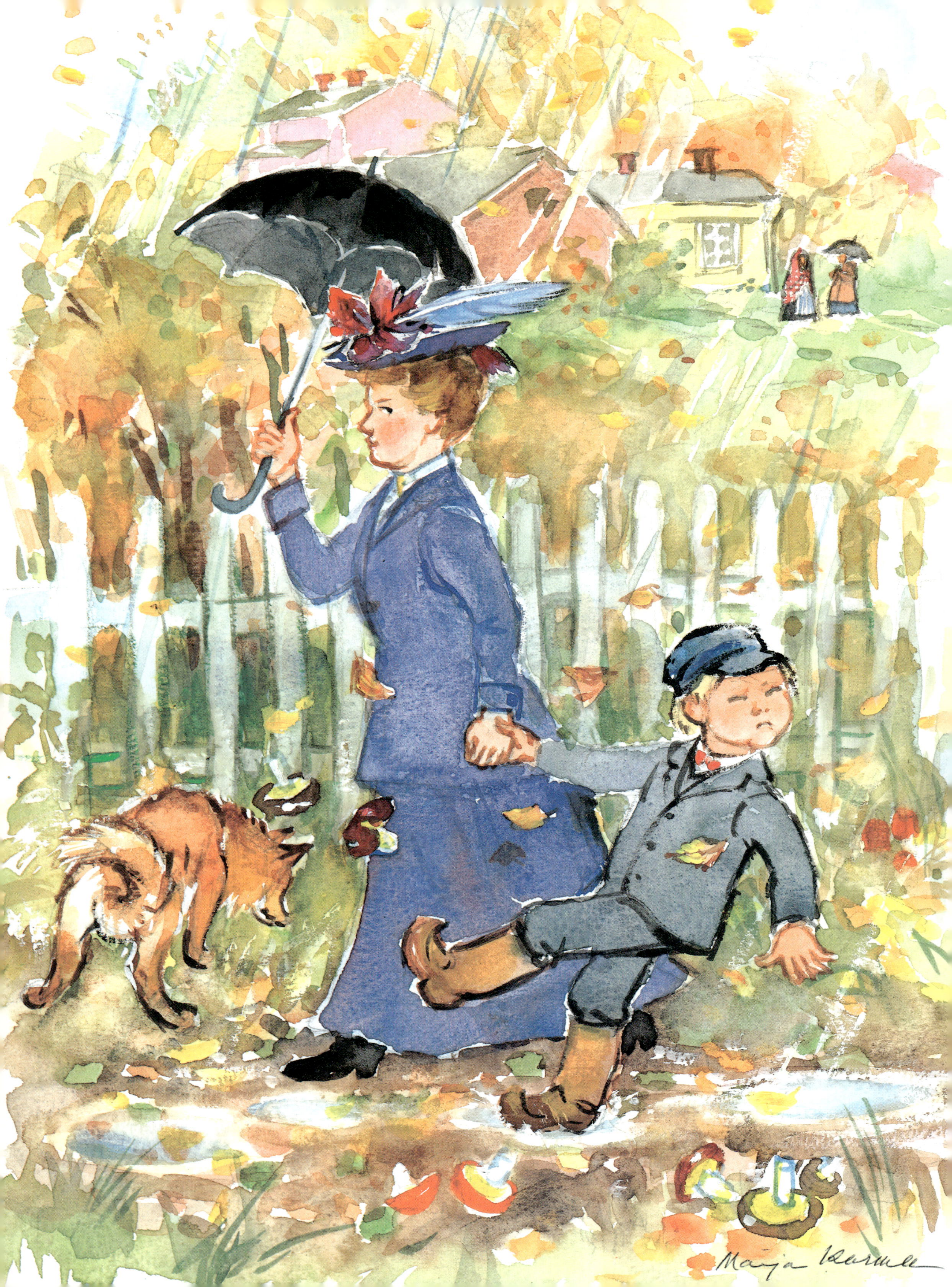

Geschichte, das eine zeigte Absalom, wie er mit seinem langen Haar an einer Eiche hängenblieb, und das andere Haman am Galgen. Außerdem hingen da Bilder mit Buchstaben und Ziffern darauf und mindestens vier bestickte Tücher, die die Schulmädchen gemacht hatten. Auf einem Stuhl neben dem Schrank lag ein Mops, der ziemlich bös war und Walter seinen Willkommensgruß zuknurrte.

„Liebe Tante Susanna«, sagte Walters Mutter, „seien Sie doch so gut und bringen Sie meinem Jungen hier das Lesen bei! Ist er faul, dann sparen Sie Ihre Rute nicht, er wird's Ihnen danken, wenn er groß ist."

„Na ja", sagte Tante Susanna, „vielleicht brauchen wir die Rute gar nicht. Ich sehe, der Junge hat einen ordentlichen Schopf."

Walter überlief ein kalter Schauer, als er von seinen langen Haaren reden hörte, die er sich nie hatte abschneiden lassen wollen. Und als er dann Tante Susannas lange, magere Finger sah, wünschte er sich von Herzen, sein Kopf wäre kurzgeschoren wie bei den russischen Sodaten. Jetzt ging auch noch seine Mutter weg, und auf der Stelle ging's mit dem Lesen los. Anfangs war alles ein bißchen schwer, aber mit der Zeit ging's dann doch, denn Walter konnte seinen langen Schopf nicht vergessen und die noch längeren Finger, die ihn zu packen drohten.

Eine Weile ging also alles gut. Da kam Walter der Mut zurück, und er dachte: Ich bin ein Mann, und Tante Susanna ist nur ein altes Weib. Sie wird's nicht wagen, mein Haar anzufassen, denn sie hat bestimmt Angst vor mir.

Da fuhr draußen ein Wagen vorüber, daß die Fensterscheiben schepperten. Gleich warf Walter sein Buch weg und lief zum Fenster, um nachzuschauen. „Was machst du da, Junge!" rief Tante Susanna. Aber Walter tat, als höre er nicht. Er schaute so fest hinaus, daß seine Nase an der Fensterscheibe platt wurde.

„Aha, du bist einer von der Sorte!" sagte Tante Susanna. Und ohne weitere Umstände stand sie auf, brauchte nur zwei

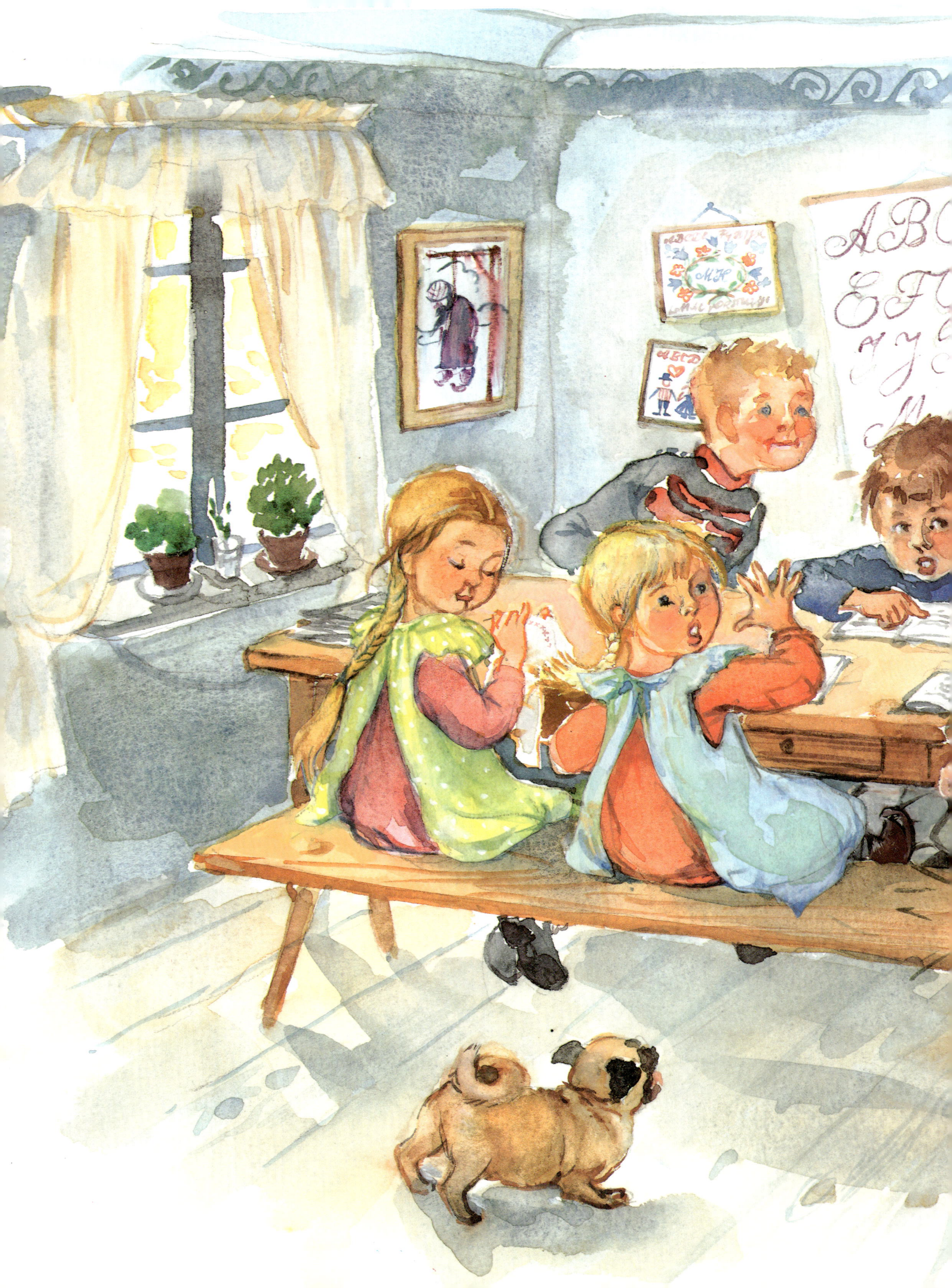

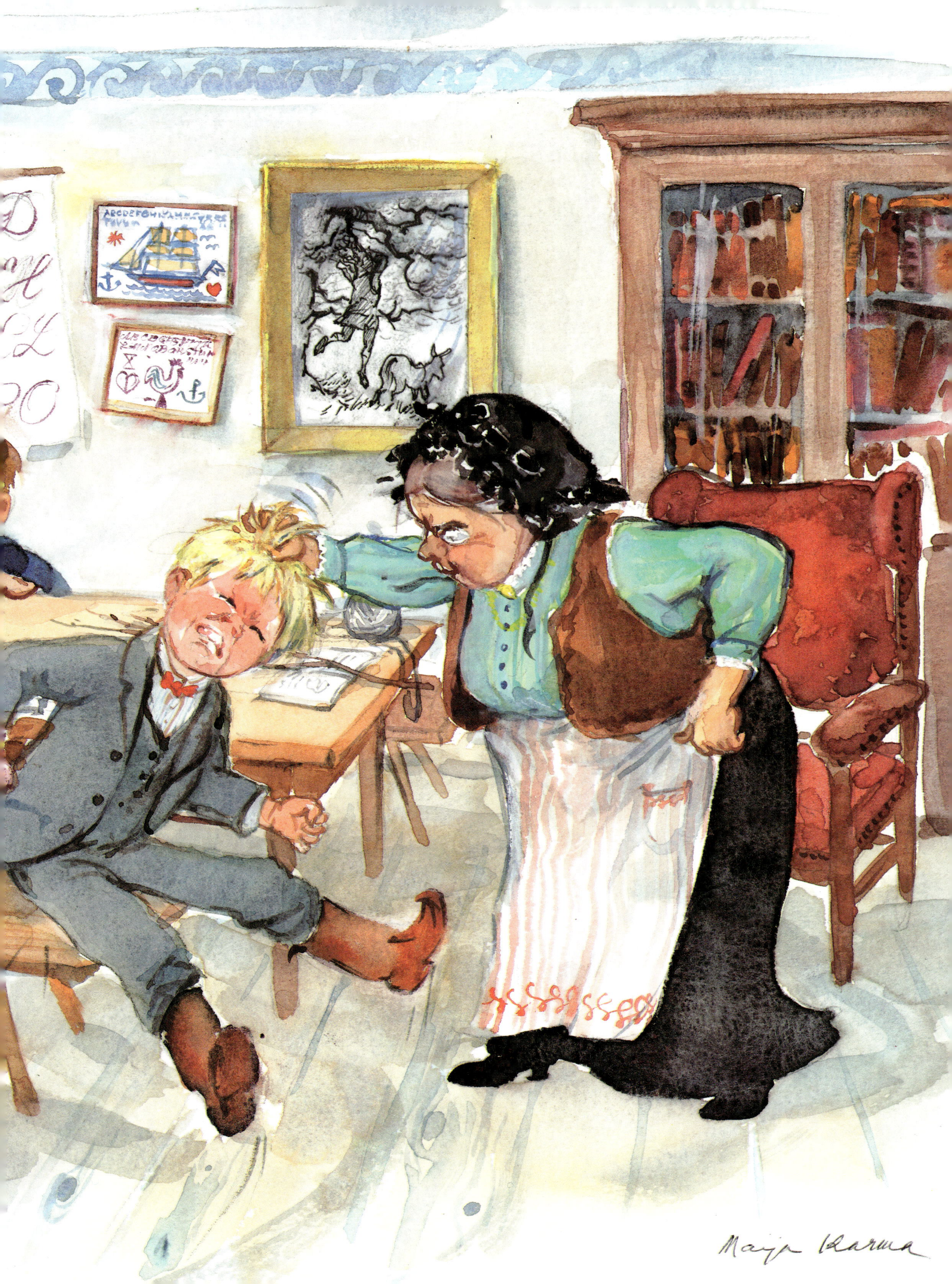
Maija Karma

Schritte zu machen, und dann streckte sie ihre langen, mageren Finger in Walters langen, prächtigen Haarschopf und fuhr mit so geübter Hand darin herum, wie es niemand geschickter gemacht hätte. Und so wurde Walter an seinem Schopf an den Tisch zurückgeführt. Es gab kein Pardon.

Walter verzog erbärmlich sein Gesicht und fühlte sich ungemein beleidigt. „Ich will heim zu Mutter und Vater!" schrie er. „Ich bin hier ja nur versuchsweise!"

„Dann ist es ja gut, daß du das einmal versucht hast", sagte Tante Susanna. „Das nächste Mal paßt du auf und gehorchst, dann zieptet dich niemand, mein Junge!"

Walter überlegte. Wenn ich mein Haar schneiden lasse, dachte er, dann kommt's gar noch so weit, daß ich diese elende Rute zu schmecken krieg. Und wenn ich jetzt ordentlich lesen würde? ... Nicht wegen der Rute! Als ob ich Angst vor der Rute hätte! Aber auch dumm zu bleiben wäre dumm.

Tante Susanna war patent. Sie hatte eine ausgezeichnete Methode, faulen Jungen Lesen beizubringen. Jedesmal wenn sie ihre langen, mageren Finger nach Walters Haarschopf ausstreckte, wurde dieser in aller Eile merkwürdig fleißig. Allmählich fing dann der Hahn, der die Fibel zierte, zur Belohnung an, Zuckereier zu legen. Walter fand, daß Bonbons besser seien als gezieptet zu werden.

Die Buchstaben lernte er ziemlich leicht, aber beim Buchstabieren kamen die Tränen. Erst als er ein hübsch geschnitztes Zeigestöckchen geschenkt bekam, ging das Lesen wie geschmiert. An dem Tag, als Walter richtig aus dem Buch lesen konnte, spendierte Tante Susanna den Kindern vor lauter Freude ein Butterbrot mit Sirup. Noch nie zuvor hatte Walter mit solchem Wohlgefühl ihre langen Finger betrachtet.

Jetzt ging's mit dem ABC-Buch und dem Kleinen Katechismus flott von der Hand. Ja, es ging so weit, daß Walter daheim bei seinen Eltern in der Freizeit nette Märchen lesen konnte. Walter fing an zu verstehen, daß Tante Susanna ihn nicht zum Vergnügen gezieptet hatte.

Was Walter im Zuckerland am Himmelsberg erlebt

Wenn der weiße Schnee in der Sonne blinkt, wenn die Schlittenglocken klingen und die Kufen flitzen und es im Flug die glatte Uferböschung runtergeht – ja, das ist was! Wer friert, mag da gern daheimbleiben. Wer Angst hat, mag dastehen und zugucken. Der Schlitten hat flinke Füße. Der braucht kein Pferd zum Ziehen und auch keine Peitsche.

Walter gehörte zu denen, die nie froren, auch wenn er seine Handschuhe daheim vergessen hatte. Wenn er rot wurde um sein Näschen, dann schneuzte er sich und sah so froh aus wie zuvor. Taten ihm die Finger vor Kälte weh, dann rieb er sie aneinander und schlug die Arme zusammen. Angst hatte er selten, wenn er nichts ausgefressen hatte.

Am steilen Ufer da hinten war ein furchtbar hoher Berg, und weil er so himmelhoch war, nannte man ihn den Himmelsberg. Mit dem Pferdewagen wagte sich niemand dahin, aber die Jungen liebten es, dort Schlitten zu fahren: Das war ein wildes Vergnügen!

Es war ein schöner Wintertag, und die Jungen rodelten aus Herzenslust am Himmelsberg. Einige hatten kleine Mäd-

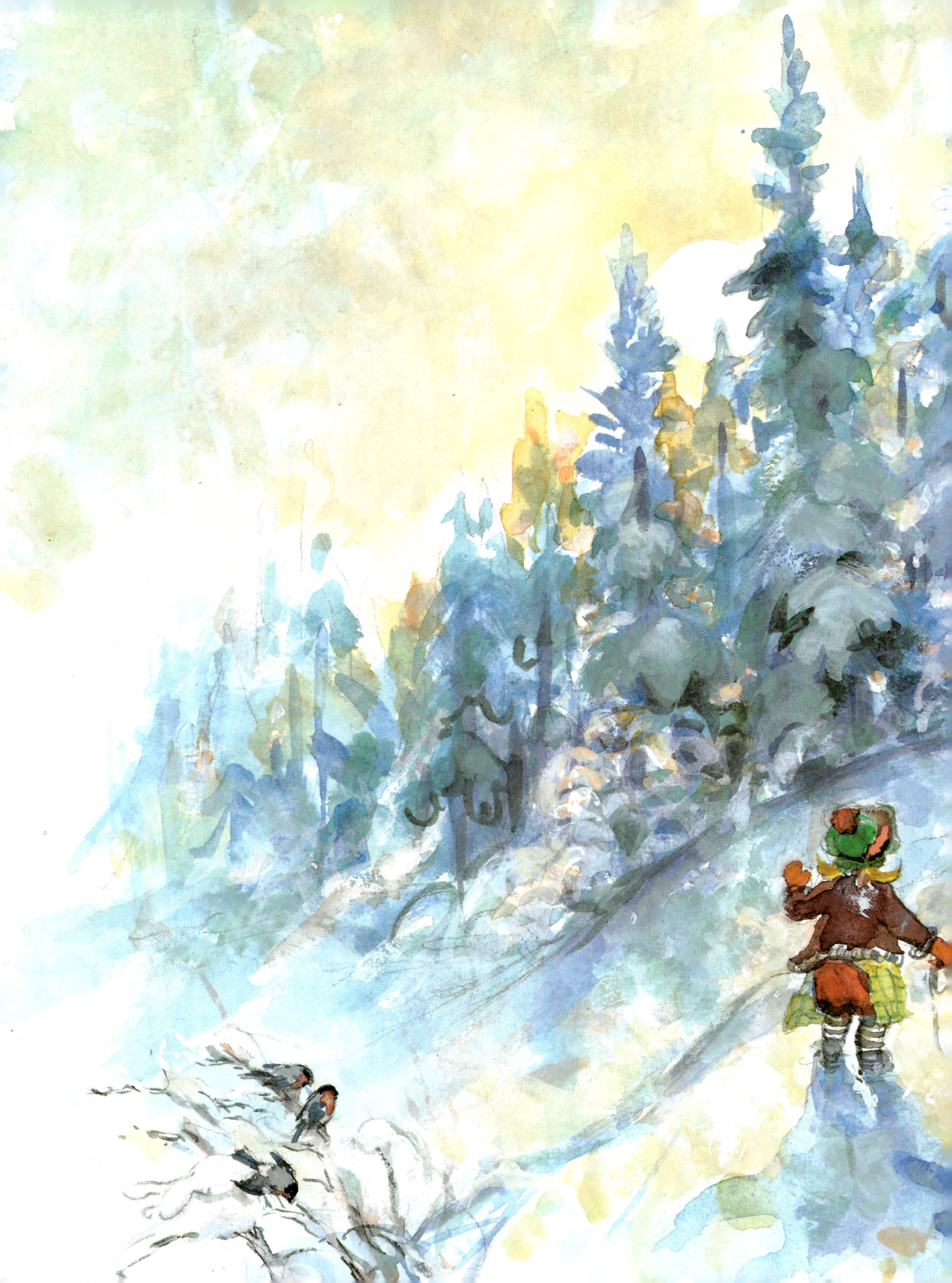

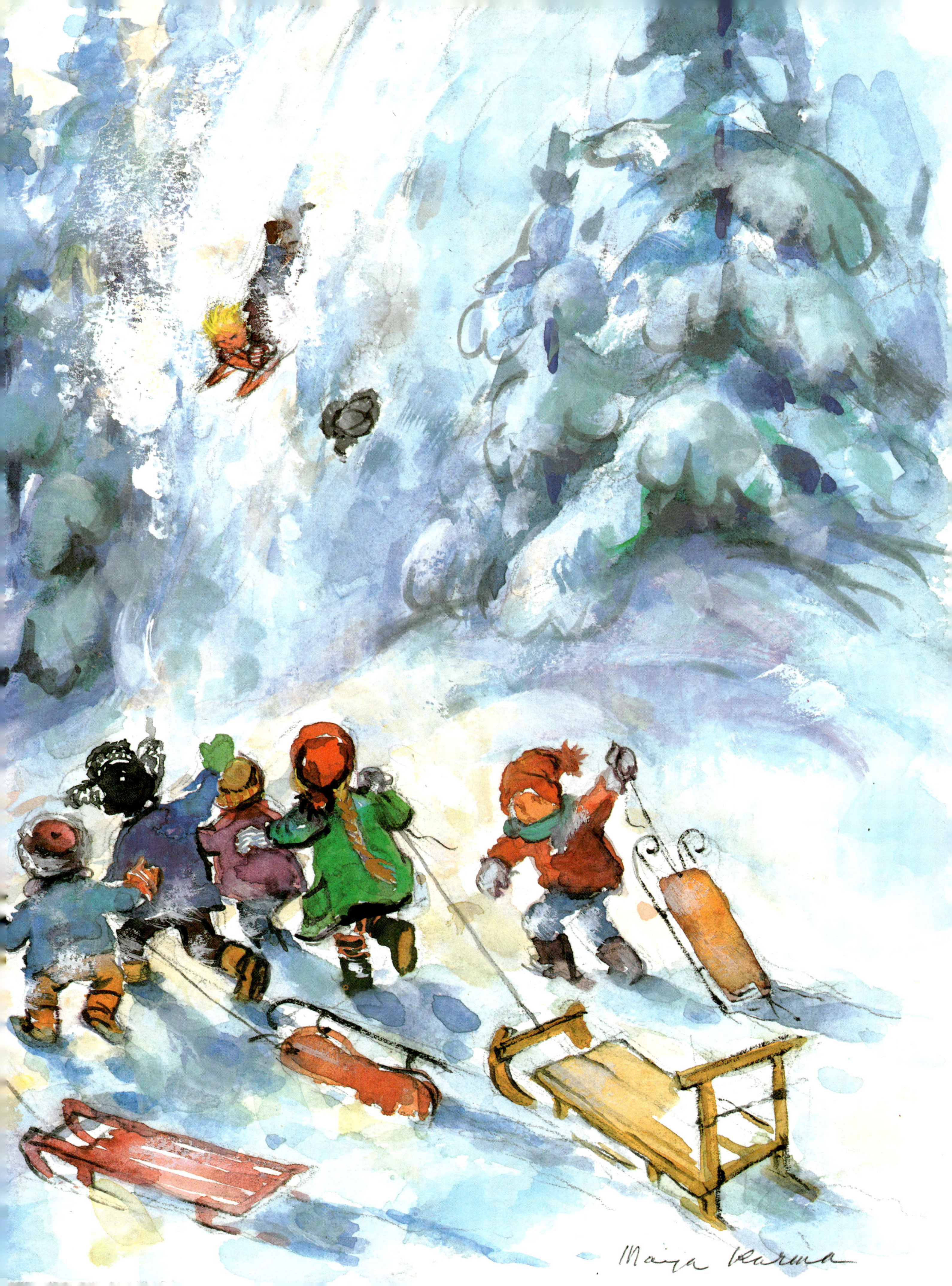
Maija Karma

chen vor sich auf dem Schlitten, und da hieß es in den Kurven gut lenken, und es kam vor, daß die Mädchen anfingen zu schreien. „Keine Angst, alles geht gut", schrien die Jungen dann. Und gut ging's, bis weit hinaus aufs Eis. Aber manchmal kam's auch vor, daß man im Schnee Kobolz schlug, man verlor seine Mütze, man bekam eine Schramme oder blutete aus der Nase, aber das war halb so gefährlich. Nach einer Weile fing man wieder an, und es war genauso lustig wie zuvor.

Vom Weihnachtsmann hatte Walter einen Schlitten bekommen, der seinesgleichen suchte. Der war mit Eisen beschlagen und war mit einer Leine zu lenken, wenn man dazu nicht lieber die Hacken benutzte, und er hieß der Bock, weil er auf dem Abhang alle anderen Schlitten einholte und sie in den Rücken stieß. Der Bock und Walter gehörten einfach zusammen. Du hättest sie sehen sollen auf dem Himmelsberg! Da jagten sie von der höchsten Spitze herunter, daß der Schnee um sie herum wie eine Wolke aufstob.

Auf der einen Seite des Himmelsbergs lag ein steiler Hang, auf dem kein Pfad getrampelt war, und dieser Hang hieß das Zuckerland, weil jeder, der da hinunterfuhr, so in den Schneewehen versank, daß kaum mehr die Mütze heraussah. Hier wagten sich sogar die Tapfersten vom Himmelsberg selten hin. Aber Walter vertraute seinem Bock und beschloß, einen Streifzug ins Zuckerland zu machen.

Gesagt, getan. Alle Jungen und Mädchen sahen voller Bewunderung zu. Walter kletterte hinauf, und der Bock folgte wie ein Hund hinterher. Als sie so weit oben waren, wie es überhaupt ging, nahm Walter die Leine in die Hand, setzte sich und kommandierte: „Marsch!" Der Bock gehorchte, die Nase geradeaus abwärts. Hui! Wie ein Pfeil flog der Schlitten direkt ins tiefste Zuckerland hinein. Erst sah man nichts als Walters Kopf, dann nur noch seine Mütze, und endlich sah man gar nichts mehr. Der Bock und Walter waren in den Schneewehen verschwunden.

Walter kniff die Augen zu. Er spürte, wie er tiefer und tiefer sank, wie eine angeschossene Krähe, die vom Wipfel eines

Baums heruntertrudelt. Dann kam ein ordentlicher Stoß. Als Walter aufsah, standen der Bock und er vor einem großen Schloß aus Eis mit glänzenden hohen Säulen und großen Sälen aus blankem Silber. Da kam der Schneekönig aus dem Schloß heraus, er hatte einen Wolfspelz an und einen langen Bart aus Reif, und er führte die Schneekönigin am Arm, die trug ein langes weißes Kleid und eine Krone aus Eisdiamanten im Haar. „Willkommen in meinem Reich", sagte der König. „Jetzt bist du hier, und weg kommst du mir nicht mehr. Mir gefallen solche flinken Burschen wie du, ich behalte dich hier und mach dich zu meinem obersten Spaßmacher, und der Bock und du, ihr werdet zu hohen Ehren kommen."

„Danke für die Ehre", sagte Walter, „aber was Warmes zu essen wäre nicht so übel. Es ist lange her, daß ich was zu beißen hatte."

„Komm", sagte der Schneekönig, „ich tauch dich in ein Loch mit eiskaltem Wasser, und du sollst einen so vorzüglichen Schneebrei kriegen, wie du noch nie einen gegessen hast, denn er ist aus gefrorenem Tau bereitet und mit gestoßenem Eis gesüßt."

„Nein danke", sagte Walter, „ich glaube, ich bin satt."

„Ach, du kleiner Schlingel", sagte der Schneekönig zornig. „Ich werde dir beibringen, meine guten Gaben zu verschmähen. Komm her, Schneekönigin! Hauch doch mal diesen Wildfang an und verwandle ihn in einen Schneevogel, damit er in unserem grenzenlosen Reich umherfliegt!"

Da hauchte die Schneekönigin so kalt wie der eisige Nordwind, und im selben Augenblick wurde Walter in eine kleine Schneeflocke verwandelt, die unter Millionen anderen Flocken im All herumirrte. Das war lustig und traurig zugleich, aber am meisten sorgte sich Walter um seinen Bock.

Im gleichen Augenblick schlug er seine Augen auf und merkte, daß er zu Hause in seinem eigenen Bett lag und einen schweren Kopf hatte. An seinem Bett standen Vater und Mutter und die Geschwister, und als sie sahen, daß er erwachte, sagten sie: „Gottseidank, jetzt geht's ihm besser."

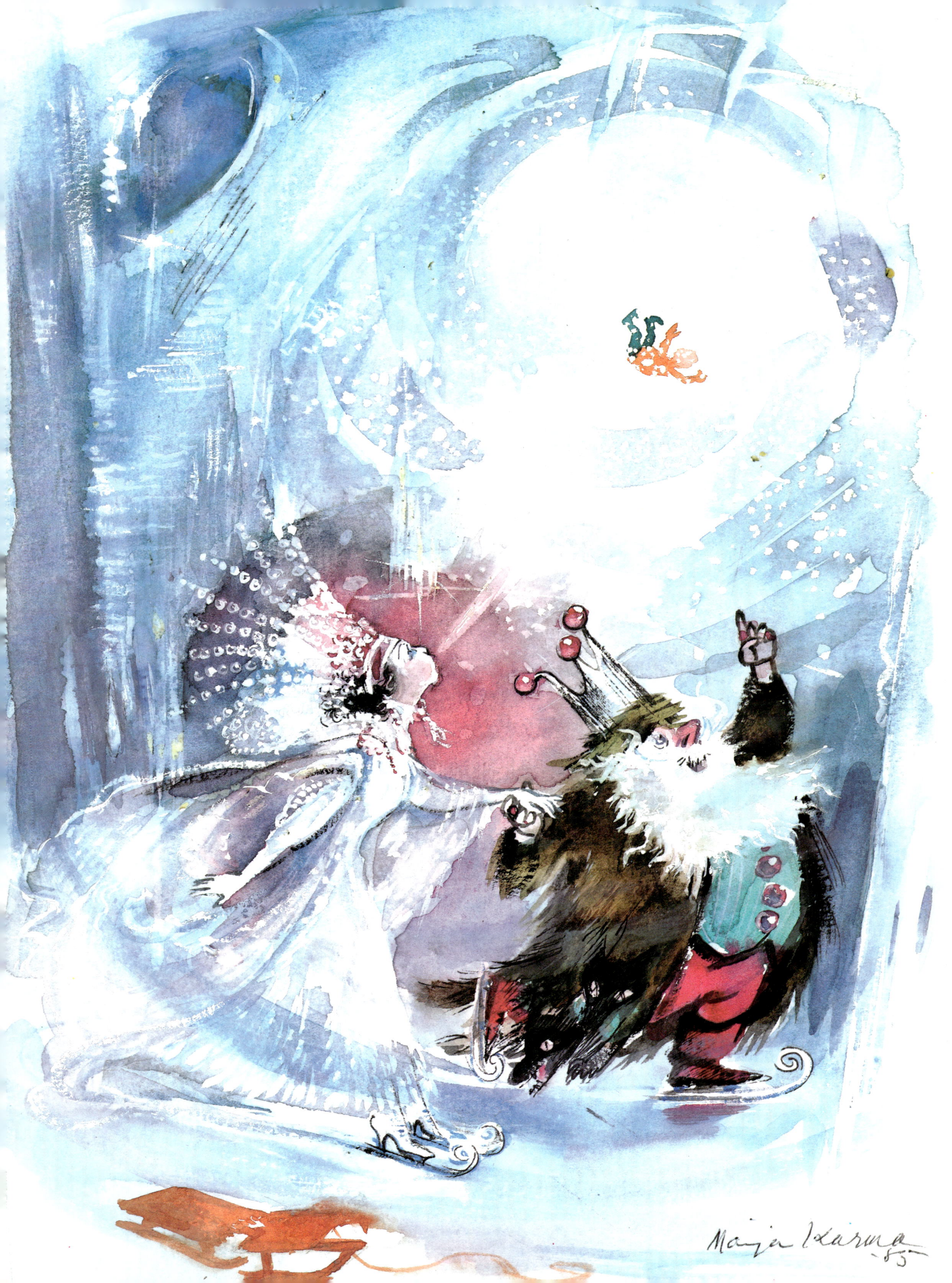
Maija Karma -85

„Was?" sagte Walter und setzte sich auf. „Bin ich nicht mit meinem Bock ins Zuckerland gefahren? Hab ich nicht den Schneekönig getroffen?"

„Lieber Junge", sagte der Vater, „du redest wirres Zeug. Du bist mit dem Kopf an einen Baumstumpf gestoßen, und deine Kameraden haben dich aus dem Schnee gezogen. Den Rest hast du geträumt. Aber lieg jetzt still und kühle deinen Kopf, dann bist du bald wieder gesund."

„Wo ist denn mein Bock?" fragte Walter, der kaum glauben mochte, was man ihm sagte. „Der steht mit gebrochener Nase an der Küchentreppe", sagte der Vater.

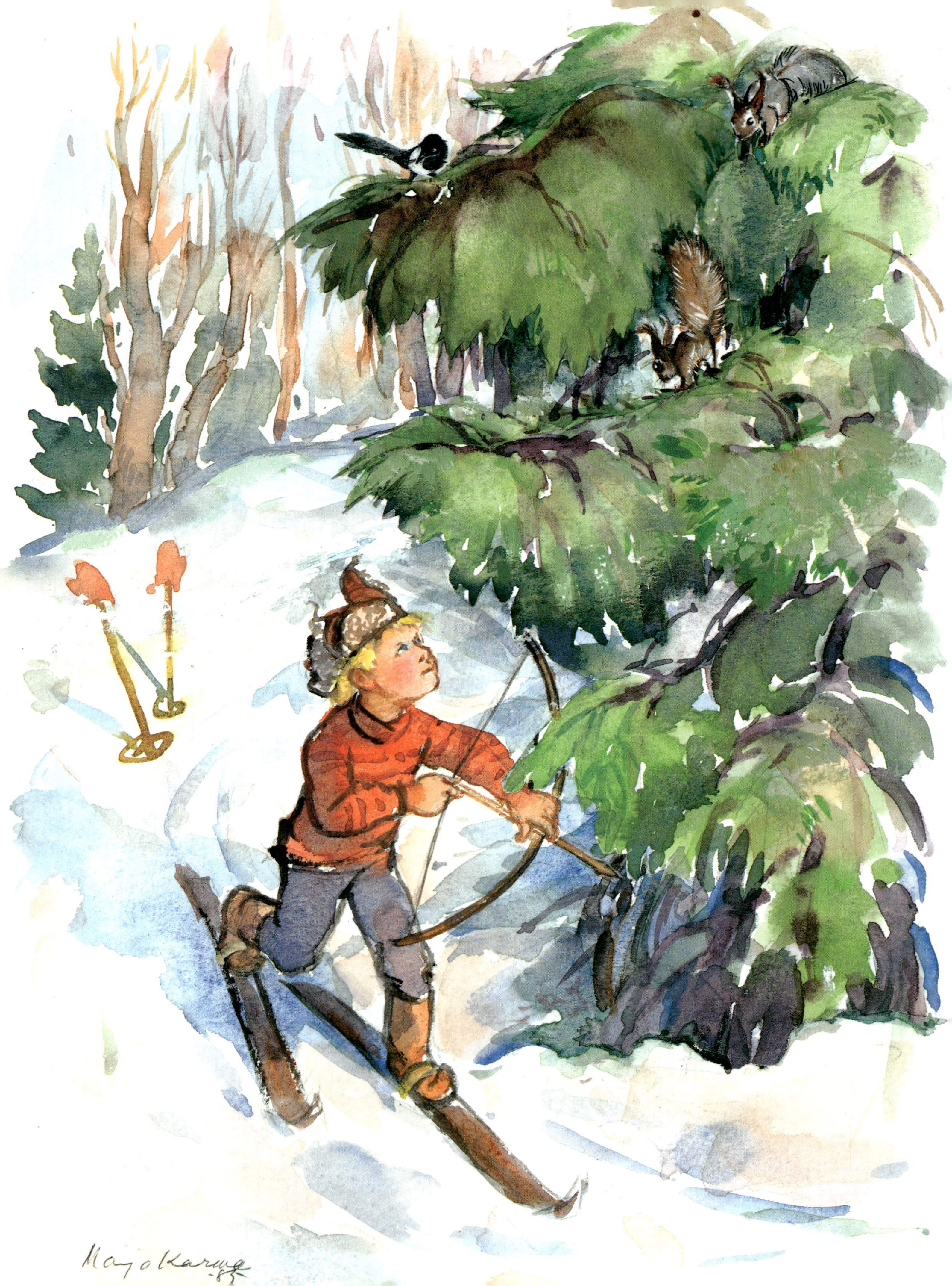

Walter geht auf die Jagd und schießt seltsamerweise daneben

Der Winter ging schon ein bißchen auf den Frühling zu, so daß der Schnee morgens fest war und trug. Walter hatte ein paar Skier bekommen, und er fand es ungemein lustig, im offenen Gelände Ski zu laufen. Mal ging's über die Wiesen, mal hinaus auf den See, mal in den Wald, mal ins Dorf. Hügelabwärts ging's mit entsetzlicher Fahrt, und Walter hielt sich auch da auf den Skiern, was beileibe nicht alle fertigbrachten. Anfangs, als er noch lernte, fiel er oft um. Dann ging's allmählich besser, und schließlich fuhr Walter auf den Skiern stehend den Himmelsberg hinunter, der ja höher als der Kirchturm war. Da konnte Walter angeben. „Macht das mal nach!" sagte er. „Nein danke", sagten die anderen Jungen und fuhren den steilen Hang lieber auf dem Schlitten hinunter.

Es war kurz vor Ostern, und die Jungen hatten bald Ferien, heute aber fand noch Unterricht statt. Unglücklicherweise war draußen herrliches Wetter, der Schnee glitzerte in der Sonne, und die Bäume waren ganz weiß vom Reif. Walter geriet in eine Versuchung, der er nicht widerstehen konnte. Frühmorgens ging er mit einem Butterbrot in der Tasche und seinem Flitzebogen in der Hand hinaus, um im Wald Ski zu laufen. Ich geh auf die Jagd, dachte er. Vielleicht treff ich einen Wolf, und den schieß ich dann. Ich hab ja eine Stecknadel im Pfeil. Werd nur eine kleine Weile weg sein!

Nun, diesmal begegnete Walter keinem Wolf, diesmal sah er nur die Spuren eines Schneehuhns im Schnee unter den Birken, und weiter weg entdeckte er Hasenfährten. Ist mir auch recht, dachte Walter, dann schieß ich halt einen Hasen. Den kann man wenigstens essen, und Mutter wird staunen, wenn ich mit einem Hasenbraten zum Mittagessen heimkomme.

Wo die Hasen jetzt steckten, das wußte niemand so genau. Auch wenn Walter den Spuren folgte, wollte sich Lampe in den Büschen nicht zeigen. Nun, ich darf mit einem Schneehuhn zufrieden sein, dachte Walter. Mit Soße, Gurken und Preiselbeerkompott schmeckt das ja ganz gut.

Seltsamerweise sah Walter auch kein Schneehuhn, nur dessen Spuren. Ich glaube, ich schieß ein Eichhörnchen, sagte er zu sich selbst. Aber ich schieß ihm nur ein bißchen auf die Nase, daß es herunterfällt, dann steck ich's in den Käfig und laß es auf Rollen laufen. Dann hat Lotte was zu lachen!

Ganz richtig, da hüpfte ein Eichhörnchen in der hohen Tanne. Walter stellte sich unter den Baum und spannte den Bogen. Aber das Eichhörnchen sprang von Ast zu Ast, und zwischendurch versteckte es sich auch mal. Walter ging um den Baum herum, mal in die eine Richtung, mal in die andere, aber er hatte nie richtig freie Sicht. Plötzlich machte das Eichhörnchen einen großen Sprung. Hops, war es auf einem anderen Baum und weg!

Nein, es wird wohl das beste sein, ich lauf wieder nach Haus, dachte Walter, denn sein Butterbrot war alle. Auf dem Weg treff ich vielleicht eine Elster, die schieß ich. Ob ich sie der Katze gebe oder lieber über die Stalltür nagele? Ich glaube, ich nagele sie über die Stalltür, das sieht toll aus. Dann wird Jonas jedesmal, wenn er in den Stall geht, sagen: „Sieh mal an, die Elster, die Walter geschossen hat!"

Nun ja, wenn Walter nur eine Elster über den Weg gelaufen wäre! Aber er traf keine, und das ärgerte ihn. Als er heimkam, dachte er: Ich ziele aufs Hühnerhausfenster, dann werd ich sehn, wie weit der Pfeil trägt.

Sogleich spannte er den Bogen und, flitsch, flog der Pfeil davon. Aber er schlug an die Wand und fiel herab. Das wäre ja gelacht, wenn ich das Fenster nicht träfe, dachte Walter und schoß noch einmal und noch einmal. Pang, ging die Scheibe entzwei, der Pfeil flog durchs Fenster und traf Kikeriki, der da in aller Unschuld saß und sich sonnte. Kikeriki, schrie der Hahn. Da erschrak Walter und schlich sich leise in sein Zimmer, das Klirren der Fensterscheibe noch in den Ohren und den Mord an dem unglücklichen Kikeriki auf dem Gewissen.

Es dauerte auch nicht lange, bis die Untersuchung und das Gericht folgten. Lena kam herein und jammerte, daß der Hahn in den letzten Zügen liege. Walter konnte seine Schuld nicht leugnen. Außerdem log er nie. Na, wie wird es Walter wohl ergangen sein? Erst einmal durfte er Vaters guten Rohrstock schmecken – das war damals so Sitte – und das für Kikeriki. Für die geschwänzte Schule aber durfte er den ganzen nächsten Tag drinnen sitzen und lernen, während die anderen Jungen in die Osterferien durften und sich aus Leibeskräften vergnügten.

Da sitzt er traurig in seinem Zimmer, das Kinn in die Hand gestützt, und sieht durchs Fenster zu, wie die anderen Jungen am Himmelsberg rodeln. Armer Walter! Warum mußte gerade gestern so schönes Wetter sein, und warum mußte ausgerechnet Kikeriki im Hühnerhausfenster sitzen? Niemand kann ja wissen, wohin ein Junge läuft und ein Pfeil fliegt!

Was passiert, als Walter Hornuß spielt

Der Frühling kam, und die Wege wurden allmählich trocken. Auf der Wiese war es noch naß. Klitsch, klatsch, machten die Stiefel der Jungen, wenn sie an den Gräben entlangliefen. Aber auf der anderen Seite des Zauns war der Weg glatt wie der Stubenboden, und da spielten am Samstagabend die geschicktesten Jungen Schlagscheibe oder Hornuß.

Eine gute Schlagscheibe sieht man selten. Es ist egal, ob sie groß oder klein ist, aber sie muß aus einem Holz gemacht sein, das nicht gleich platzt, und sie muß kreisrund sein und einen gleichmäßigen Rand haben, sonst läuft sie schief und reißt aus. Sie darf nicht zu leicht sein, denn dann dreht sie sich nicht genug und fällt in den Graben, aber sie darf auch nicht zu schwer sein, denn dann kommt niemand mit ihr zurecht. Und schaut man zu, wie sie fliegt, dann sieht man, daß sie zweierlei Bewegungen auf einmal macht: Zuerst dreht sie sich um ihre eigene Achse, wie ein Wagenrad, und dann läuft sie auch wie ein Rad vorwärts. Jedesmal also, wenn sie sich einmal um die eigene Achse gedreht hat, ist sie so weit vorwärtsgelaufen, wie ein Band lang ist, das genau einmal um die Scheibe reicht.

Walters Scheibe war aus einer Birkenwurzel geschnitten. Schlagscheiben aus besserem Holz gibt's gar nicht. Jonas hatte sie geschnitzt, kreisrund und so glatt, daß sie glänzte. Es war eine gute Scheibe, sie summte, wenn Walter sie warf, wie eine Hornisse. Ssst, sagte die Scheibe und flog den Weg entlang, daß sie kaum mehr zu sehen war!

Eine solche erstklassige Scheibe gab's im ganzen Dorf kein zweites Mal. Walter gab ihr einen Namen, er nannte sie Flitzer. Einmal träumte Walter, daß er den Flitzer so schnell sausen ließ, daß dieser um die ganze Erde flog und dann wieder vor seinen Füßen landete. Ich möcht mal sehen, wer ein solches Kunststück nachmacht! Ein andermal träumte Walter, daß er seine Scheibe hoch in die Luft warf, so hoch, daß die Schwerkraft sie nicht mehr zur Erde zog, sondern daß sie im Kreis um unseren Planeten flog wie der Mond, und die Leute auf der Erde schauten hinauf und wunderten sich, was der Flitzer wohl für ein komischer Himmelskörper war.

Jetzt aber war keine Zeit zum Träumen, denn alle anderen Jungen waren schon mit ihren Scheiben auf dem Weg, nur Walter hatte sich verspätet, weil der Schuster gekommen war und Maß für ein paar neue Stiefel genommen hatte. Als das vorbei war, lief Walter los. Es war so schön da drüben am Waldrand, wo hinterm Zaun der Weg abbog. Da standen die Birken in ihrer zarten Frühlingskindheit, wenn ihr Laub noch nicht größer ist als die Ohren eines Mäuschens und ihre dünnen Zweige jedesmal schaukeln, wenn sich der Buchfink oder das Rotschwänzchen zwitschernd draufsetzt. Nicht weit vom Weg war ein Ameisenhaufen im Wald, und die kleinen braunen Ameisen schleppten neues Bauholz in ihre Kammern und Säle. Sie bissen sich fest an ihren Tannennadeln und zogen sie mit aller Kraft rückwärts, bis ihre Kameraden ihnen zu Hilfe kamen. Der Förster hatte sein Haus in der Nähe, und seine zwei kleinen Mädchen, die den Reisenden das Tor aufzumachen pflegten, saßen auf einem Stein und schauten den Jungen zu. Das größere Mädchen hatte im Wald ein Körbchen voll Moosbeeren gesammelt, das es verkaufen wollte, aber jetzt versteckte sie es unter ihrer Schürze, damit die habgierigen Jungen es nicht sähen und ihr die Beeren wegäßen.

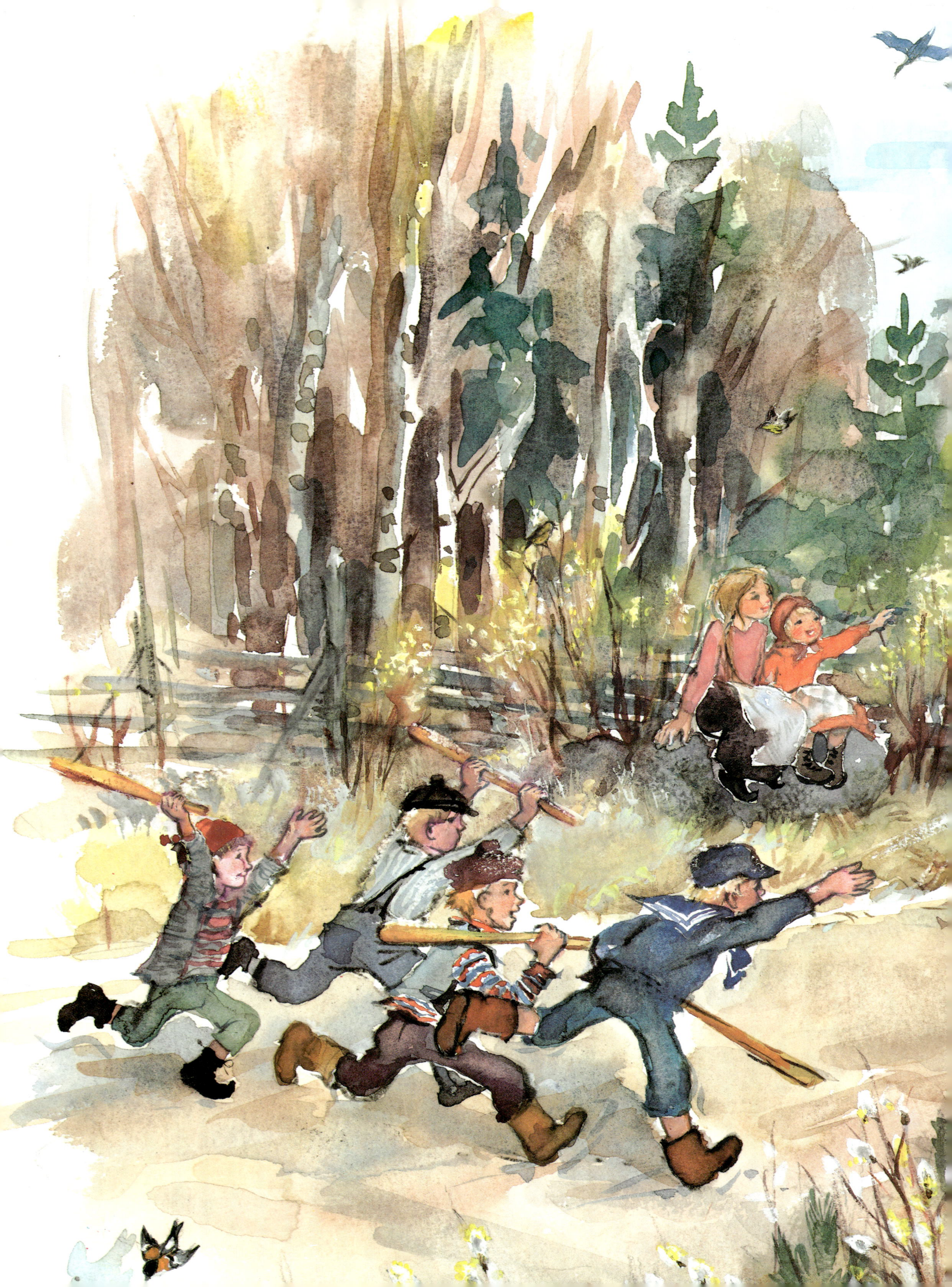

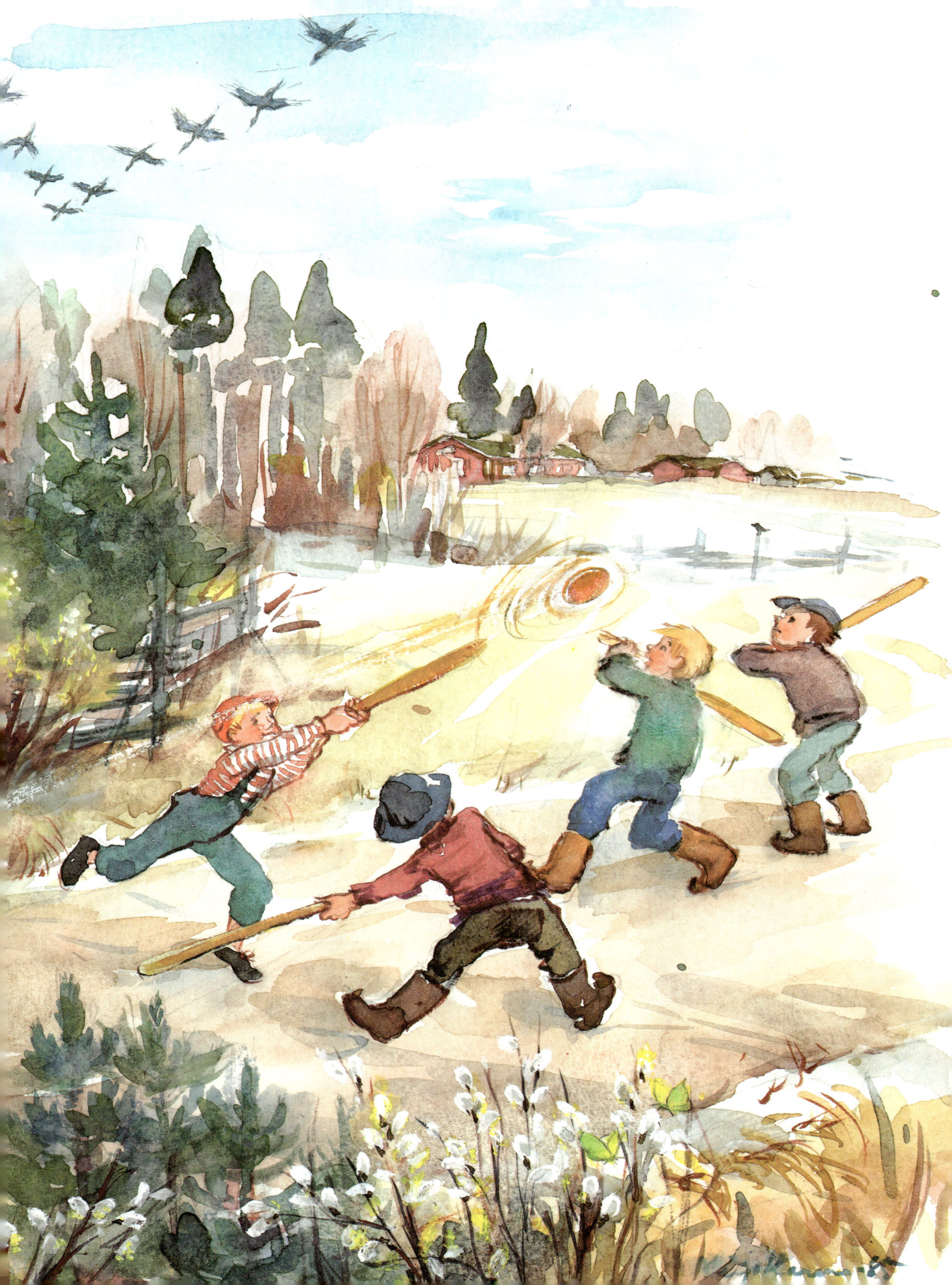

Als Walter herzukam, war seine Partei schon fast bis zum Zauntor zurückgetrieben, das die äußerste Grenze bildete. Bis dahin zurückzuweichen galt als große Schande. Beim Scheibenschlagen teilen sich die Jungen in zwei Parteien; jede Partei versucht, die andere zurückzutreiben und selber Boden zu gewinnen. Meistens geht es so zu, daß, wenn die eine Partei die Scheibe wirft, die andere sie mit ihren Schlägern oder Stöcken abwehrt und versucht, sie so weit wie möglich zurückzuschlagen. Indem die Scheibe so hin- und hergetrieben wird, folgt ihr die Partei, die schlägt, und gewinnt dabei alles Land, das die Scheibe überfliegt. Aber wenn die Scheibe zur Erde fällt, heißt es: Die Hornuß ist tot! Und dann darf man sie nicht mehr schlagen, bevor sie nicht aufs neue in die Luft geworfen ist.

Die Jungen waren wie gewöhnlich in Christen und Heiden geteilt, und Walter gehörte – man schämt sich's zu sagen – zu den Heiden. Diese standen jetzt vor einer großen Niederlage. Als Walter dazukam, rief gleich jemand: „Jetzt nehmen wir nur noch den Flitzer!" „Wartet!" rief Walter, nahm seine Scheibe bedachtsam zwischen Daumen, Zeigefinger und Mittelfinger, erhob den Arm und warf mit aller Kraft. Wie ein Pfeil sauste der Flitzer den Weg entlang, die Christen versuchten ihn zurückzuschlagen, aber er hüpfte über ihre Stöcke hinweg, immer weiter, und war unmöglich aufzuhalten. Jetzt waren die Christen an der Reihe, zurückgetrieben zu werden, die Heiden stießen ein Siegesgeschrei aus, und Walter sah sich um wie Cäsar in der Schlacht bei Pharsalos. Er war mächtig stolz auf seinen Flitzer.

Die Christen versuchten jetzt, mit ihrer Scheibe den verlorenen Boden zurückzuerobern, aber es gelang ihnen nicht. Ihre Scheibe wurde zurückgeschlagen, und sie selbst waren bald nicht mehr weit vom anderen Zauntor entfernt.

„Achtung, da kommt ein Wagen!" schrie einer der Heiden. Aber Walter hörte nichts, sah nichts und dachte an nichts anderes, als wie er die Christen zum Zaun treiben würde. Da schleuderte er seine Scheibe mit einer schrecklichen Wucht. Sie prallte gegen einen Stein, sprang weit in die Höhe und fiel geradeaus in den Wagen, in dem ausgerechnet der Bürgermeister und seine Frau saßen, und zwischen dem Bürgermeister und seiner Frau saß deren Töchterchen Adele, und Adele hatte ein Hündchen namens Mopsi auf dem Schoß, und der Flitzer fiel Mopsi auf den Kopf, so daß Mopsi kurz gähnte, alle viere von sich streckte und auf der Stelle tot war. Der Wagen hielt an, der Bürgermeister blickte erbost um sich und rief: „Welcher Lümmel hat seine Scheibe in meinen Wagen geworfen?"

Um bei der Wahrheit zu bleiben, war Walter anfangs so erschrocken, daß er schnellstens das Weite suchte. Aber als er hörte, wie der Bürgermeister seine Kameraden ausschimpfte und sie mit Prügel und Arrest bedrohte, packte ihn sein Gewissen. Er kam hervor und sagte: „Ich war's, der die Scheibe geworfen hat. Bitte, gebt mir meinen Flitzer wieder!"

„Aha, du warst es!" sagte der Bürgermeister. „Auf, in den Wagen und deinem Flitzer Gesellschaft geleistet!"

Da half kein Jammern, Walter mußte in den Wagen, und das kleine Mädchen weinte über ihren Mopsi, und Walter weinte über seinen Flitzer, und Christen und Heiden standen da und wußten nicht aus noch ein, der Kutscher schlug mit der Peitsche, und ab ging's in die Stadt. Als sie in der Stadt waren, sagte der Bürgermeister: „Bringt den Buben und seinen Flitzer ins Kittchen."

„Lieber Herr Bürgermeister", bat Walter, „steckt mich nicht ins Kittchen! Da sitzt ein Dieb mit Handschellen, und ich hab Angst, der stiehlt mir meinen Flitzer."

„Nein, steck ihn nicht ins Kittchen", bat die kleine Adele, „ich verzeih ihm alles, er hat's ja nicht böse gemeint."

„Na, da du nun mal für ihn bittest", sagte der Bürgermeister, „und da er seine Schuld selber zugegeben hat, will ich ihm verzeihen. Aber seine Scheibe kriegt er nicht wieder, die wird neben Mopsi im Garten begraben, sie wird zum Tode verurteilt, weil sie es war, die den Mopsi totgeschlagen hat."

Gesagt, getan. Walter wurde freigelassen, und er weinte bitterlich über seine Scheibe, bis Jonas versprach, ihm eine neue zu machen. Auf jeden Fall war es besser, als mit allerlei Dieben im Kittchen zu sitzen. Und die kleine Adele ließ für Mopsi im

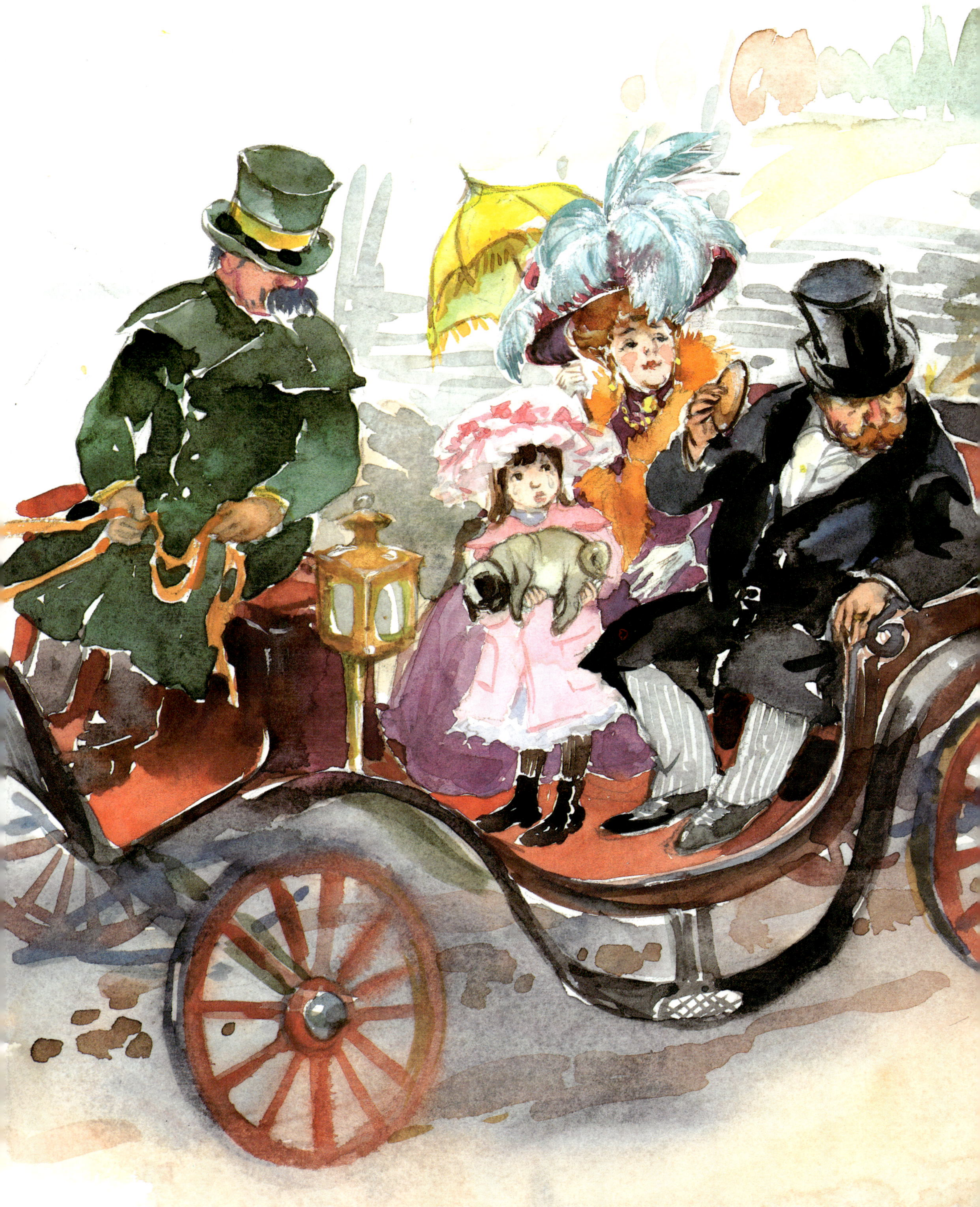

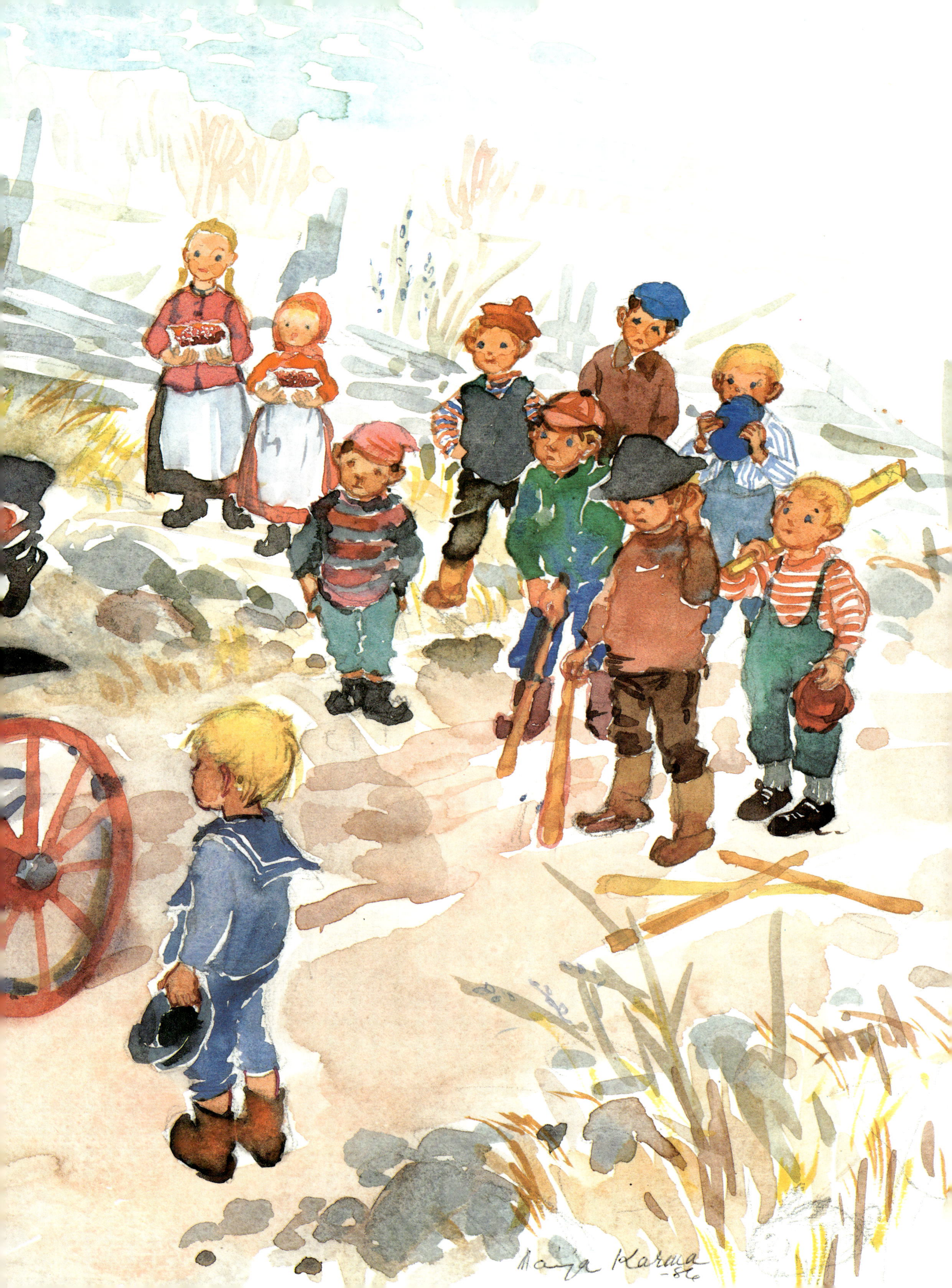
Maija Karma -86

Garten ein Grab ausheben, und darin wurde auch der Flitzer begraben. Und Walter und Bürgermeisters Adele wurden so gute Freunde, daß sie zusammen folgende Grabinschrift entwarfen, die über dem Grab im Garten in Stein gehauen wurde:
HIER. RUHEN. MOPSI. UND. FLITZER.
EIN. SO. BRAVER. HUND. UND. EINE. SO. BRAVE. HORNUSS.
GIBTS. IN. DER. WELT. KEINE. ZWEITEN.
Und dann pflanzten Walter und Adele Blumen aufs Grab. Und die Ameisen vom Wald kamen ans Grab und lasen die Inschrift, und jeden Abend tanzten die Mücken auf Mopsis und Flitzers Grab im Sonnenschein einen Fandango.

Der tapfere Walter jagt Wölfe

Es war kurz vor Mittsommer. Walter hatte gehört, daß es im Wald viele Wölfe gab, und das gefiel ihm. Er war ungeheuer tapfer. Besonders gern nahm er es mit wilden Tieren auf, am liebsten mit einer ganzen Horde auf einmal. Nur im Kampf gegen wilde Tiere, davon war er überzeugt, kann ein Mensch zeigen, was er wirklich leistet. In der Schule hatte Walter von den armen Christen im alten Rom gehört, die einzeln gegen ausgehungerte Löwen kämpfen mußten, und alle Leute schauten zu und schrien Hurra, wenn die Christen von den Löwen zerrissen wurden. Aber Walter würde sich nicht unterkriegen lassen. Löwen gab es hier zwar nicht, gewiß aber Wölfe, die von allen Tieren die wildesten waren. In der Schule unter den Kameraden oder zu Hause unter den Geschwistern sagte er oft: *„Ein* Wolf ist gar nichts für mich, da müssen wenigstens *viere* her!" Wenn Walter mit seinen Freunden Klaus oder Fritz kämpfte und sie zu Boden warf, pflegte er zu sagen: „So werd ich's auch mit den Wölfen machen!" Und wenn er Jonas mit dem Pfeil in den Rücken schoß, so daß es im Schafpelz prasselte, sagte er wiederum: „So würde ich dich totschießen, wenn du ein Wolf wärst!"

Natürlich meinten manche, der Junge gäbe ganz schön an. Aber man mußte ihm wohl glauben, wenn er's doch selber sagte. Deshalb sagten Jonas und Lena von ihm: „Schaut mal, da geht Walter und schießt Wölfe!" Und die andern Jungen und

Mädchen sagten mitunter: „Seht mal, da geht der tapfere Walter, der kämpft allein gegen viere!"

Niemand war so sehr davon überzeugt wie Walter selbst. Eines Tages machte er sich fertig, um es den Wölfen einmal richtig zu zeigen. Er nahm seine Trommel mit, die auf einer Seite ein Loch hatte, seit er daraufgestiegen war, um eine Ebereschendolde zu pflücken; außerdem seinen Zinnsäbel, der voll von Scharten war, seitdem Walter sich einmal mit äußerstem Mut durch eine ganze feindliche Armee von Stachelbeersträuchern gekämpft hatte. Er vergaß auch nicht, sich bis an die

Zähne mit Korkenflinte, Flitzebogen und Luftpistole zu bewaffnen. In der Tasche hatte er einen angekohlten Korken, um sich damit einen Schnurrbart anzumalen, und eine rote Hahnenfeder. Die wollte er an den Hut stecken, damit er richtig wild aussähe. In der Jackentasche hatte er außerdem ein Taschenmesser mit Horngriff, um den Wölfen damit die Ohren abzuschneiden, nachdem er sie totgeschlagen hatte, denn er fand es nicht nett, ihnen wehzutun, solange sie noch lebten.

Es traf sich gut, daß Jonas mit Korn zur Mühle fuhr, und Walter durfte obendraufsitzen, während Karo bellend nebenherlief. Die Mühle lag außerhalb des Dorfs, und, um dahin zu kommen, mußte man ein Stückchen durch den Wald fahren. Sowie sie in den Wald kamen, sah sich Walter vorsichtig um, ob vielleicht irgendwo ein Wolf in den Büschen saß, und er vergaß nicht, Jonas zu fragen, ob Wölfe Angst vor einer Trommel hätten. „Aber natürlich", sagte Jonas, woraufhin Walter aus Leibeskräften zu trommeln anfing. Damit schreckte er aber nur die Vögel in den Bäumen auf. Auch Wiesel und Mäuse suchten rasch das Weite oder versteckten sich unter den Wurzeln der Bäume, und die neugierigen Eichhörnchen fragten sich erstaunt, was das wohl für eine lärmende Gesellschaft sei. Walter trommelte, bis sie aus dem Wald heraus waren.

Als sie zur Mühle kamen, fragte Walter gleich, ob sie in der Gegend in letzter Zeit Wölfe gehabt hätten. „Ja, leider", sagte der Müller, „gestern nacht haben sie drüben bei der Darre unseren fettesten Schafbock gerissen". „Aha", sagte Walter, „weiß man, ob es viele waren?" „Das kann man nicht so genau sagen", antwortete der Müller.

„Macht nichts", sagte Walter „Ich frag nur, damit ich weiß, ob ich Jonas mitnehmen soll. Mit *dreien* werd ich schon allein fertig, aber wenn's mehr sind, kann's passieren, daß ich sie nicht alle totschlagen kann, bevor sie weglaufen."

„Ich würde an Walters Stelle lieber allein gehen, das ist ehrenhafter", meinte Jonas.

„Nein, es ist doch besser, du kommst mit", sagte Walter. „Wer weiß, wie viele es sind?"

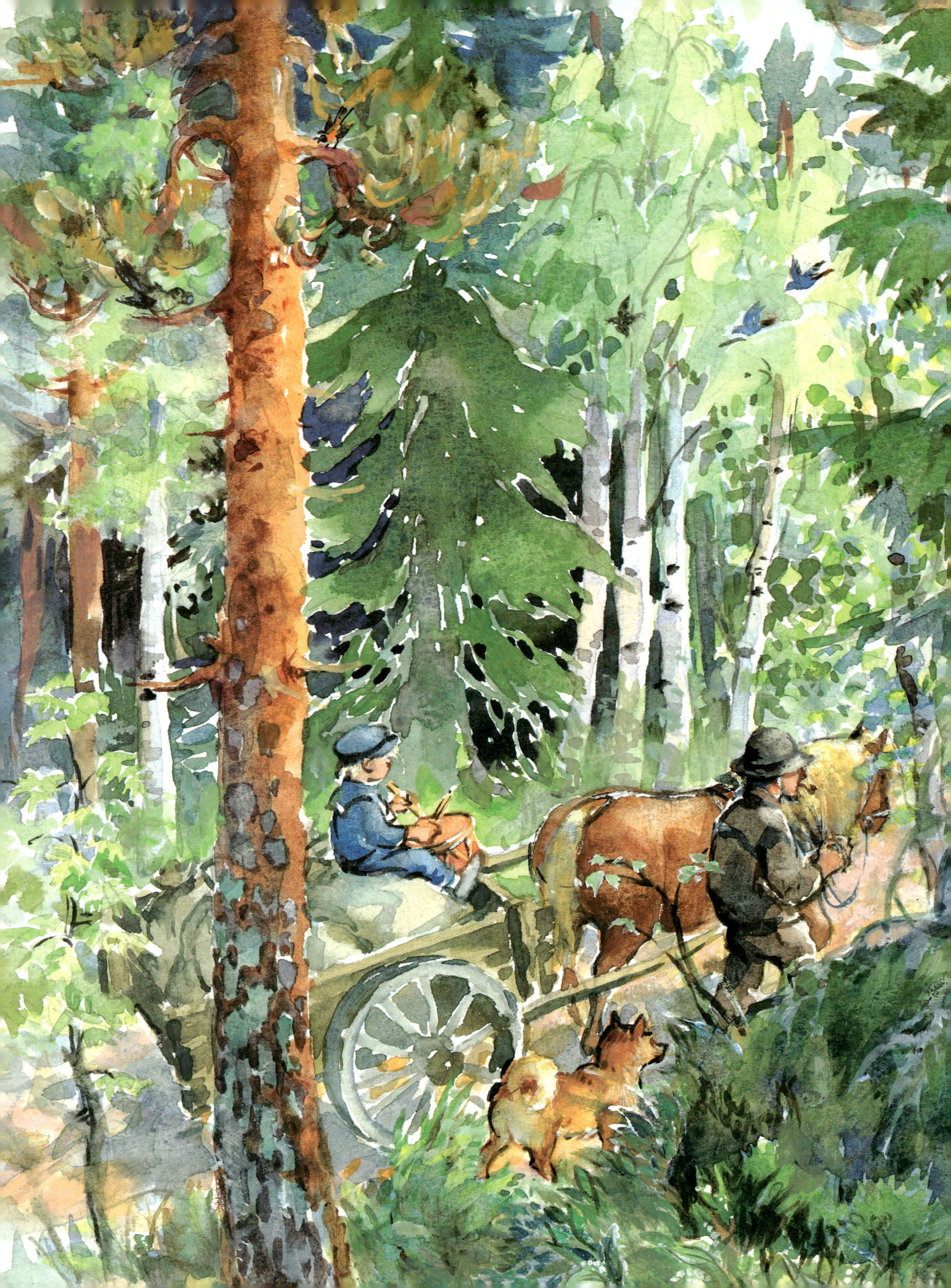

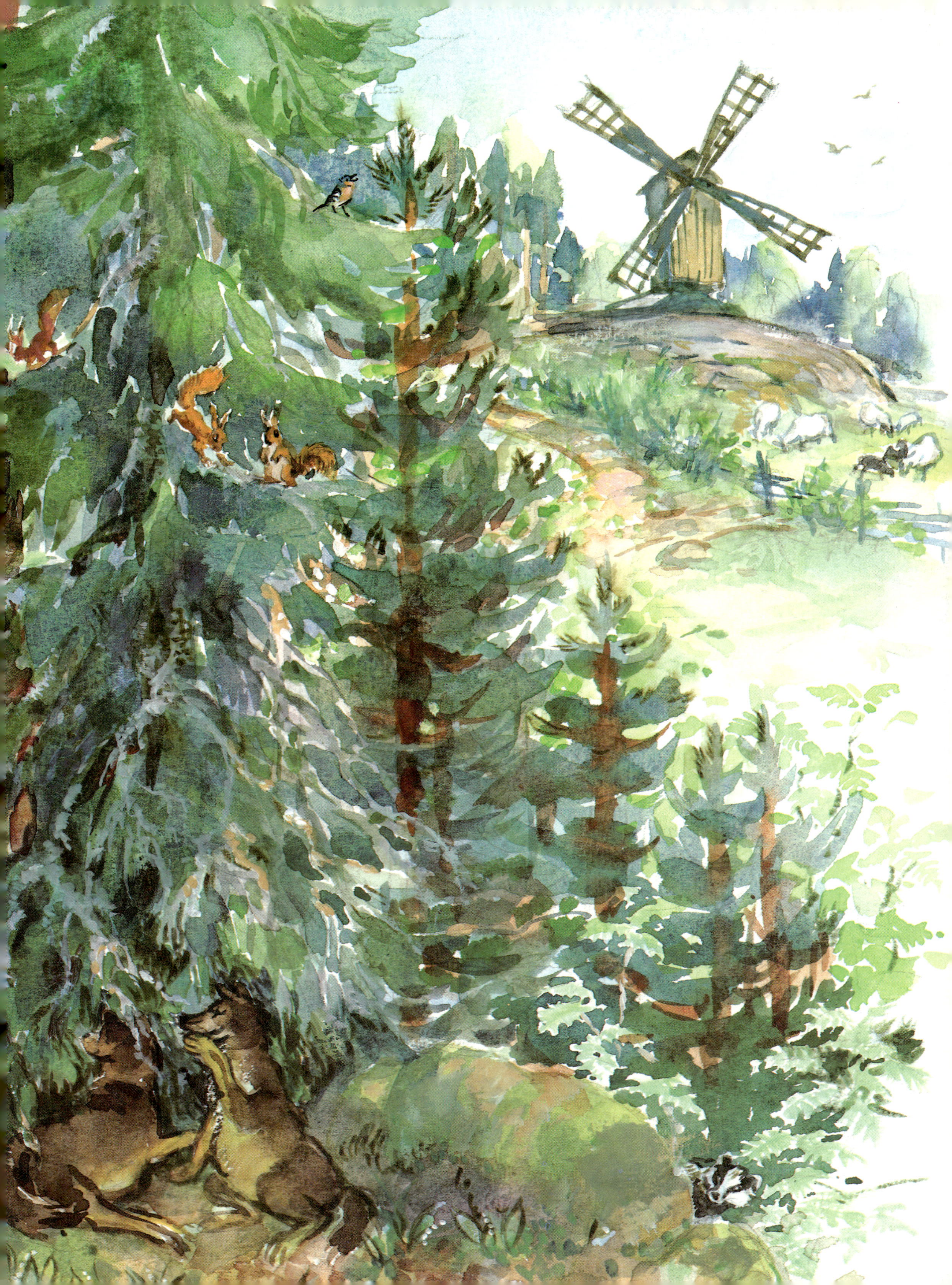

„Ich hab keine Zeit", sagte Jonas, „und bestimmt sind's nicht mehr als drei. Mit denen wirst du schon allein fertig."

„Ja", sagte Walter, „gewiß. Aber sieh mal, Jonas, wenn's drei sind, kann mich einer von denen in den Rücken beißen, und dann wär's schwierig, sie alle totzuschlagen. Wenn ich nur wüßte, daß es nicht mehr als *zwei* sind, dann würde ich mich nicht weiter drum kümmern, denn die pack ich, jeden mit einer Hand, und ziepe sie ganz ordentlich."

„Ich bin ganz sicher, es sind nicht mehr als zwei", sagte Jonas. „Die sind meistens zu zweit unterwegs, wenn sie Kinder und Schafe reißen gehn. Du wirst sie bestimmt auch ohne mich ziepen."

„Aber schau mal, Jonas", sagte Walter, „wenn's zwei sind, dann kann's passieren, daß der eine entwischt und mich ins Bein beißt, denn, siehst du, meine linke Hand ist nicht so stark wie die rechte. Es wär schon besser, du kämest mit und nähmst einen festen Stock mit, falls es wirklich zwei sind. Denn wenn's nur *einer* ist, dann pack ich ihn mit beiden Händen und werf ihn lebendig auf den Rücken, und dann mag er zappeln, soviel er will, ich halt ihn schon fest."

„Wenn ich so richtig dran denke", meinte Jonas, „dann bin ich fast überzeugt, daß es nur einer ist. Was würden zwei schon mit dem gleichen Schafbock tun? Der reicht doch kaum für einen."

„Aber vielleicht kommst du doch mit, Jonas?" sagte Walter wiederum. „Natürlich wag ich mich an einen ran, aber sieh mal, ich bin noch nicht so richtig gewöhnt an sowas. Was, wenn der mir meine neue Jacke zerreißt?"

„Hört euch das doch mal an", sagte Jonas, „ich glaube fast, unser Walter ist gar nicht so tapfer, wie die Leute behaupten. Zuerst wollte er sich mit vieren schlagen, dann mit dreien, dann mit zweien und schließlich mit einem. Und jetzt will er auch gegen den eine Hilfe haben. Am Ende glauben die Leute noch, Walter sei ein Feigling!"

„Da lügen sie", sagte Walter. „Ich hab überhaupt keine Angst, aber es ist viel lustiger, wenn man zu zweit ist. Ich will nur jemanden mithaben, der zuschaut, wenn ich den Wolf verhaue und ihm den Staub aus dem Pelz klopfe."

„Na, dann kannst du ja Müllers kleine Fia mitnehmen. Die kann auf einem Stein sitzen und zusehen", sagte Jonas.

„Nein, die hat bestimmt Angst", sagte Walter. „Und außerdem paßt es nicht für ein kleines Mädchen, auf Wolfsjagd zu gehen. Komm du mit, Jonas, dann kriegst du das Fell, und ich bin mit den Ohren und dem Schwanz zufrieden."

„Nein, danke!" sagte Jonas. „Behalt du nur das Fell selber, Walter. Ich seh schon, daß du Angst hast. Schäm dich!"

Das ging Walters Ehre zu nahe. „Ich zeig euch, daß ich keine Angst hab", sagte er, und dann nahm er seine Trommel und den Säbel und die Hahnenfeder und das Taschenmesser, die Korkenflinte und die Luftpistole, und ging ganz allein auf Wolfsjagd in den Wald hinein.

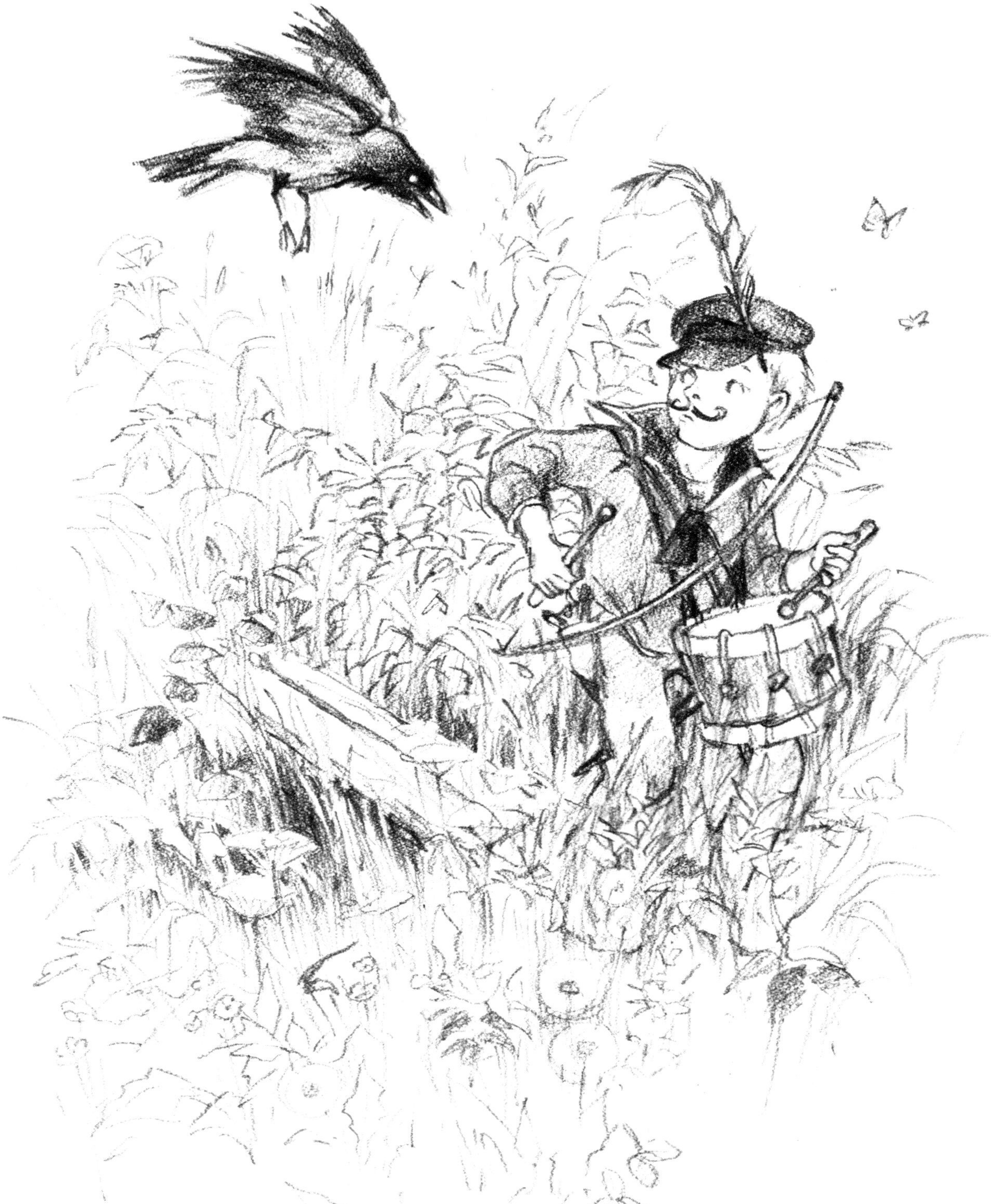

Es war ein schöner Spätnachmittag, und die Vögel sangen auf allen Zweigen. Walter bewegte sich sehr langsam und vorsichtig. Bei jedem Schritt sah er sich nach allen Seiten um, ob da vielleicht irgendwo hinterm Stein ein Wolf lauerte. Er glaubte ganz sicher zu sein, daß sich da drüben im Graben etwas bewegt hatte. Vielleicht war's ein Wolf. Ich trommele besser mal ein bißchen, bevor ich mich dahin wage, dachte Walter.

Drrrr, fing seine Trommel an. Da rührte sich wieder was ... Krax! Krax!, und im Graben flog eine Krähe auf. Gleich kehrte Walters Mut zurück. Gut, daß ich die Trommel dabei habe, dachte er und ging mit mutigen Schritten weiter. Bald kam er in die Nähe der Darre, wo die Wölfe den Schafbock gerissen hatten. Aber je näher er kam, desto furchtbarer kam ihm die Darre vor. Sie war so grau und alt. Wer weiß, wie viele Wölfe sich da versteckt hielten! Womöglich saßen sie da noch in einem Winkel, die gleichen, die den Bock aufgefressen hatten. Nein, hier war's nicht sicher. Weit und breit war kein Mensch zu sehen. Es wäre einfach zu dumm, hier am hellichten Tag aufgefressen zu werden, dachte Walter bei sich. Und je mehr er daran dachte, desto häßlicher und grauer wurde die alte Darre und desto dummer kam's ihm vor, von den Wölfen aufgefressen zu werden.

Soll ich umkehren und sagen, daß ich mit einem Wolf gekämpft habe, der mir dann aber entkommen ist? dachte Walter. Pfui! sagte sein Gewissen. Du weißt doch, daß Lügen die größte Sünde ist, die's gibt! Wenn du heute sagst, daß du den Wolf in die Flucht geschlagen hast, dann kommt er bestimmt morgen und frißt dich.

Nein, jetzt geh ich zur Darre, dachte Walter und ging los. Aber ganz nahe heran wagte er sich nicht. Nur so weit, daß er das Blut des Schafbocks sah, von dem das Gras rot war, und ein paar Wollzottel, die die Wölfe dem armen Tier abgerissen hatten. Es sah recht garstig aus. Was mag der Bock wohl gedacht haben, als sie ihn auffraßen, dachte Walter bei sich. Und im selben Augenblick lief ihm ein kalter Schauer über den Rücken, vom Jackenkragen bis zum Stiefelschaft.

Es wird wohl besser sein, ich trommle ein bißchen, dachte er wieder und fing an zu trommeln. Es klang erbärmlich. Da kam ein Echo von der Darre herüber, und es klang fast wie Wolfsgeheul. Die Trommelschlegel erstarrten in Walters Händen, und er dachte: Jetzt kommen sie!

Und richtig, im gleichen Augenblick schaute unter der Darre der rotbraune Zottelkopf eines Wolfes hervor! Und was tat Walter jetzt? Ja, unser tapferer Walter, der's allein gegen viere aufnahm, er warf die Trommel hin und nahm die Beine unter die Arme. Er lief, so schnell er nur konnte, zur Mühle zurück.

Aber, o weh! Der Wolf lief hinterher. Walter sah sich um. Der Wolf war schneller als er und nur ein paar Schritte hinter ihm. Umso schneller lief Walter. Der Schrecken hatte ihn gepackt, und er sah und hörte nichts mehr, er lief über Stock und Stein und Graben, er verlor seine Trommelschlegel, den Säbel, den Bogen, die Luftpistole, und in seiner schrecklichen Hast strauchelte er über ein Grasbüschel. Da lag er, und der Wolf war über ihm!

Huh, was für eine schreckliche Geschichte! Jetzt glaubt ihr wohl, es sei aus mit Walter und seinen Abenteuern? Das wäre aber schade! Doch keine Angst, es war nur halb so schlimm. Es war ein recht gutmütiger Wolf, unser Wolf. Zwar sprang er auf Walter drauf, aber er zerrte ihn nur an der Jacke und schnupperte ihm im Gesicht herum. Und Walter schrie, ja er schrie ganz gotterbärmlich.

Zum Glück hörte Jonas sein Geschrei, denn es war ja ganz nahe bei der Mühle. Jonas kam herbei und half Walter auf. „Was ist passiert?" fragte er, „warum schreist du denn so schrecklich?"

„Der Wolf! Der Wolf!" schrie Walter, und das war das einzige, was er herausbrachte.

„Was für ein Wolf?" fragte Jonas. „Ich seh keinen Wolf!

„Paß auf, da ist er, er hat mich fast totgebissen!" jammerte Walter.

Da fing Jonas an zu lachen. Er lachte so laut, daß sein Ledergürtel um den Bauch auf und ab hüpfte. „Ach so", sagte er, „das war der Wolf! War das der Wolf, den du kniepen wolltest . . . den du auf den Rücken werfen wolltest, wie sehr er auch zappelt? Schau ihn dir doch mal an. Das ist doch unser alter Freund, unser braver Karo. Ich glaube, der hat bei der Darre einen Schafknochen gefunden. Als du getrommelt hast, ist Karo hervorgekommen, und als du davongelaufen bist, ist

Karo hinterhergesprungen, wie er's immer macht, wenn du tollst und spielen willst. Pfui, Karo! Schäm dich, daß du einen so großen Helden in die Flucht getrieben hast!"

Walter stand auf und war ziemlich beschämt. „Pfui, Karo!" sagte er, zufrieden und ärgerlich zugleich. Es war ja nur ein Hund. „Wenn's ein Wolf gewesen wär, hätt ich ihn bestimmt totgeschlagen" . . .

„Nein, Walter, paß mal auf! Hör auf mich und gib das nächste Mal ein bißchen weniger an, dann bringst du mehr fertig", sagte Jonas tröstend. „Schließlich bist du ja kein Feigling?"

„Ich? Du wirst schon sehen, das nächste Mal, wenn wir einem Bären begegnen. Siehst du, es ist nämlich so . . ., daß ich mich eigentlich lieber mit Bären schlag."

„Aha", lachte Jonas, „da sind wir also wieder! Lieber Walter, denk daran, nur Feiglinge geben an! Ein tapferer Mann redet nicht über seine Tapferkeit."

Walter spielt Robinson

Eines Tages fand Walter auf dem Boden ein altes Buch ohne Deckel, darin war von Robinson Crusoe die Rede, der seinen Eltern davongelaufen war und auf eine unbewohnte Insel kam, wo er sich viele Jahre lang allein zurechtfinden mußte. Sowas gefiel Walter. Er wäre allzu gern an Robinsons Stelle gewesen. Er dachte überhaupt nicht daran, wie bitter es Robinson bereute, daß er von seinem sicheren Zuhause davongelaufen war.

Walter las und las. Je mehr er las, desto mehr Lust bekam er, das gleiche zu tun wie Robinson. Im Buch stand zum Beispiel, daß Robinson von Kopf bis Fuß in Pelz gekleidet war. Glücklicherweise hing da auf dem Boden ein alter Schafpelz. Den wendete Walter, so daß das Fell nach außen kam, und zog ihn über. Kaum zu glauben, wie prächtig der ihm stand! Und in einer Ecke lagen blaue Bonbontüten, und in einem Korb fand er ausgerupfte Vogelfedern. Walter probierte eine Tüte auf, schmückte sie mit bunten Federn und fand, sie gäbe einen ausgezeichneten Helm ab. Dann nahm er ein Wergbüschel und machte sich daraus einen gewaltigen Bart, den er sich mit Bindfaden an die Ohren hängte. Nun reckte er sich – und sah unheimlich wild aus.

Es war ein Frühsommerabend. Walters Schwester Lotte rief von der Treppe, daß das Abendbrot fertig sei, und Walter mußte hinunter. Schnell – den Pelz in die Ecke, die Bonbontüte daneben. Aber an diesem Abend war Walter sehr nachdenklich. Und in der Nacht tat er kein Auge zu. Ach, du glücklicher Robinson! dachte er bei sich. Ein Kerl wie der möchte ich sein – im Wald wohnen, selber mein Haus bauen, selber mein Essen kochen und mit meinem Flitzebogen allerlei Tiere des Waldes schießen. Ach, du glücklicher Robinson! Du starker, du tapferer Robinson, nie werd ich's so schön haben wie du!

Was, wenn ich jetzt davonliefe? sagte Walter bald darauf zu sich selbst. Bei diesem Gedanken fing sein Herz an, schneller zu klopfen. Er setzte sich im Bett auf. Alle schliefen. Frieder hatte sein rundes weißes Bein über den Wiegenrand gehängt, und die Hühner auf dem Hof schnarchten, daß man's bis ins Haus hörte. Von draußen schien die helle Sommernacht durchs Fenster. Man konnte deutlich die weißen Blüten der Ebereschen im Garten erkennen, und vom Wald herüber hörte man die Amsel singen. Immer schneller klopfte Walters Herz. Endlich stieg er ganz leise aus dem Bett und zog sich an. Niemand wachte auf. Er ging durchs Haus. Als er am Küchenschrank vorbeikam, nahm er sich vorsichtig etwas Knäckebrot und ein Stückchen Käse. Danach schlich er sich genauso leise die Bodentreppe hinauf. Bald hatte er seinen Pelz und die Bonbontüte gefunden. Das Robinsonbuch nahm er mit, um zu lernen, wie er sich anzustellen hatte, und dann ging's auf Strümpfen die Treppe hinunter und zur Haustür hinaus.

Wie herrlich und frisch war doch die Nacht mit dem hellen Himmel und dem Tau im grünen Gras! Walter ging nicht mehr, er lief, als habe er ein schlechtes Gewissen. Nach einer Weile war er im Wald, und gerade in diesem Augenblick ging die Sonne mit so roten Backen auf, als sei sie gerade von Tante Susanne geziept worden. Walter setzte sich hin und fing an, Käse und Brot zu essen. Er war überhaupt nicht schläfrig. Er hörte die Vögel singen und fand, daß die Traubenkirschen noch nie so lieblich geduftet hatten.

Dann begann er seine Hütte zu bauen. Er holte sein Taschenmesser hervor und schnitt lange Zweige von den dich-

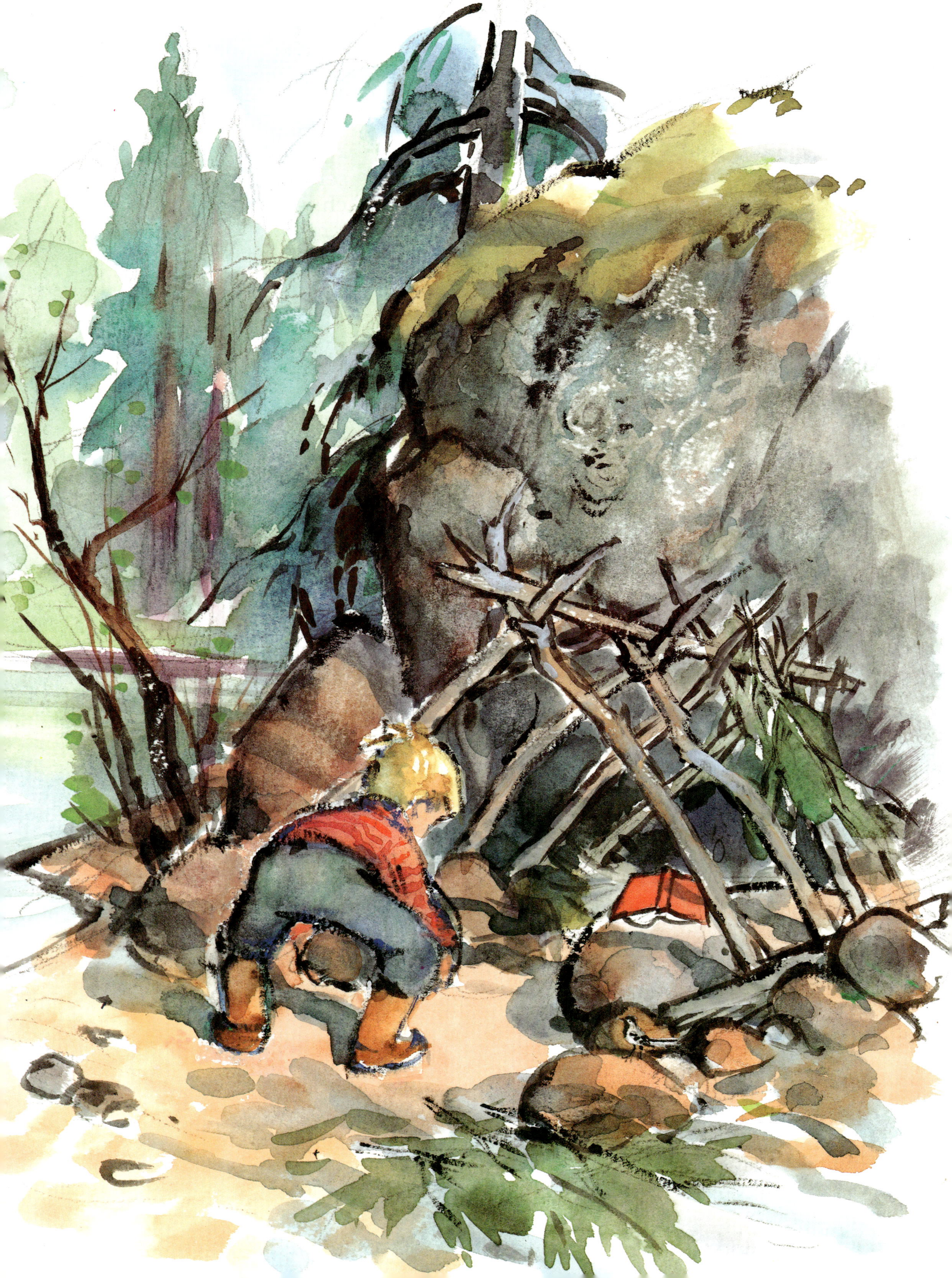

ten Tannen. Die größeren Äste stellte er aufrecht, und mit den kleineren deckte er Dach und Wände. Es dauerte nicht lange und seine Reisighütte war fertig. Ein alter Baumstumpf diente als Bank und ein Stein als Tisch. Sein Bett richtete sich Walter aus Moos und Birkenlaub. Es war unwahrscheinlich lustig. Walter kümmerte es nicht, daß seine Hände vom Harz schmierig waren.

      Und warum hatte Walter so viel Spaß daran? Weil es das Herrlichste auf der Welt ist, wenn man sich selber helfen kann. Man fühlt sich so frisch und wohl dabei, und je größer das Hindernis ist, das man überwindet, desto froher ist man hinterher.

Dazu gehört auch, daß man ein bißchen weiter denkt, als einem die Nase lang ist. Aber so weit dachte Walter jetzt nicht.

Als die Hütte fertig war, zog Walter den Pelz über, tat die Tüte auf den Kopf und setzte sich auf den Baumstumpf, der ihm als Bank diente; die Arme stützte er auf den Stein, der sein Tisch war. Er fühlte sich, als sei er zum König über den ganzen Wald gekrönt worden. Schade, daß er keinen Spiegel hatte. Er sah aus wie ein echter Wilder, wie er so dasaß und darüber nachdachte, wie er sein neues Königreich regieren wollte.

Er hatte tüchtig gearbeitet, und sein Bäuchlein wurde allmählich hungrig. Brot und Käse würden jetzt schmecken, aber die waren längst aufgegessen. Darum beschloß Walter, es ebenso zu machen wie Robinson. Er ging in den Wald, Kokosnüsse suchen.

Seltsamerweise wuchsen solche Nüsse im ganzen Wald nicht. Walter schaute erwartungsvoll in die Bäume hinauf, aber die hatten nichts zu bieten als frische Tannenzapfen. Aus Mangel an Besserem probierte er einen, aber der schmeckte so harzig und bitter, daß er ihn gleich wieder ausspuckte.

Na, dachte Walter, macht nichts, ich fang mir statt dessen ein Lamatier, das wird mir gut zum Frühstück schmecken. Also nahm er seinen Flitzebogen und ging auf die Jagd. Ein Lama sah er allerdings nicht, aber im Unterholz huschte ein Hase vorbei, und das flinke Eichhörnchen hüpfte lustig auf den Tannenzweigen herum. Walter zielte auf den Hasen, Walter zielte auf's Eichhörnchen, aber es war zu dumm, er traf nicht. Ärgerlich warf er den Bogen weg. Im gleichen Augenblick kam ein kleines Mädchen des Weges, das die Kühe auf die Weide trieb. „Sei so lieb und gib mir ein bißchen Milch", sagte Walter, denn er fing an, ernsthaft hungrig zu werden.

Als das Mädchen die zottige Gestalt in dem umgestülpten Pelz sah, mit der spitzen Tüte auf dem Kopf, den schwankenden Federn und dem langen Bart, fing es an zu schreien und sprang davon. Sie glaubte natürlich, Walter sei der häßliche Waldschrat in eigener Person. Walter lief ihr nach, und das arme Mädchen wäre vor Schreck beinahe in Ohnmacht gefallen,

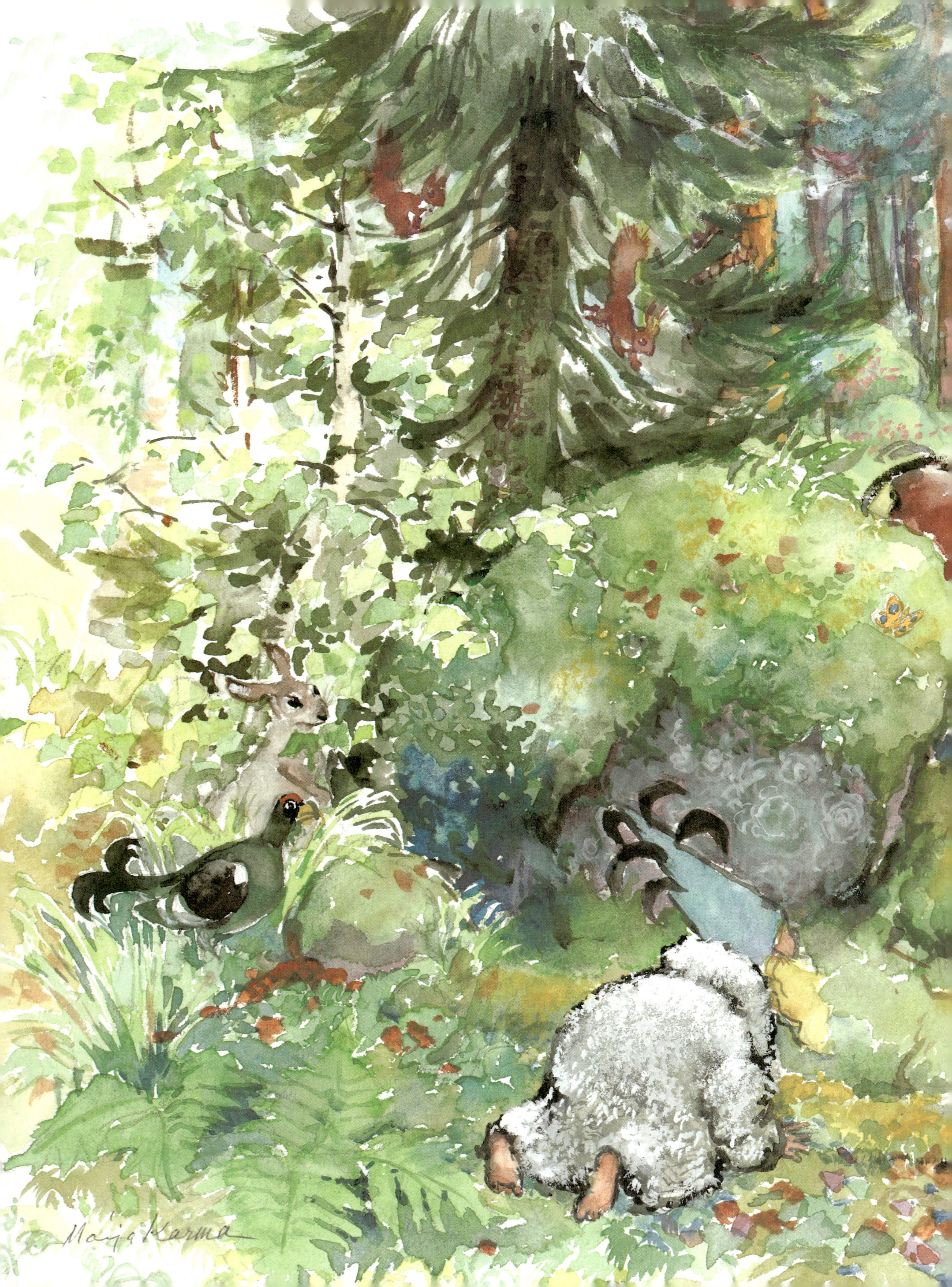
Maija Karma

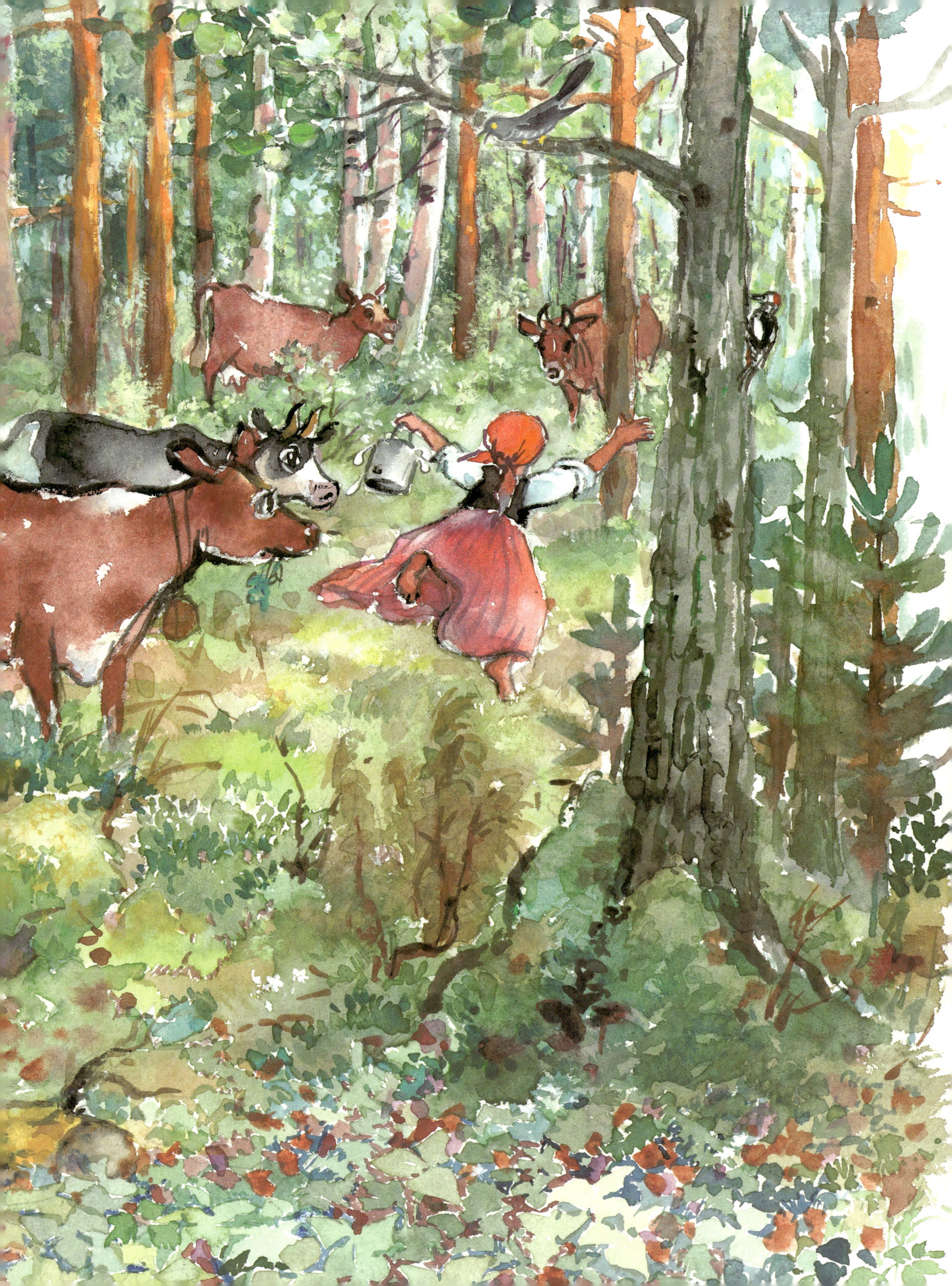

wenn nicht Walter über seinen langen Pelz gestrauchelt wäre und sich nicht an einem im Weg liegenden Birkenstamm die Nase blutig geschlagen hätte.

Ja, was half es Walter, daß er König über den ganzen Wald war, wenn Seine Majestät nichts zu essen hatte? Es war so früh im Sommer, daß noch nicht einmal die Blaubeeren reif waren. Walter war froh, daß er schließlich ein paar armselige Moosbeeren fand, und das war alles, was Robinson an diesem Tag zu essen bekam. Ein andermal habe ich mehr Glück, dachte Walter, ich such mir einen Freitag, dann sind wir zwei und können uns gegen die Wilden wehren. Und so machte er sein Bett aus Moos, legte sich hungrig schlafen und zog den Schafpelz über die Ohren.

Inzwischen hatten Walters Eltern den Jungen gesucht und konnten nicht verstehen, wohin er verschwunden sein mochte. Sie fingen schon an zu glauben, er sei im See ertrunken oder den Wölfen zum Opfer gefallen. Da kam das kleine Hirtenmädchen schreiend ins Dorf gelaufen und berichtete, daß im Wald ein furchtbares Untier mit zottigem Pelz und einem Kopf herumlaufe, der spitz sei wie ein Zuckerhut. Und da es im Dorf viele abergläubische Leute gab, die an Waldgeister glaubten, erschraken die Männlein und Weiblein fast ebenso wie das Hirtenmädchen selbst. Viele von ihnen gingen an diesem Tag überhaupt nicht aus dem Haus und schauten sich jedesmal, wenn der Wind in den hohen Tannen rauschte, ängstlich um. Aber andere, die mutiger waren, dachten, daß sich im Wald vielleicht ein Ausreißer verborgen hielt, und beschlossen, in der Nacht ein Treiben zu veranstalten und ihn einzufangen.

Walter wußte von alldem nichts und schlief in aller Ruhe trotz seines knurrenden Magens, als die Leute vom Dorf seine Hütte entdeckten und umzingelten. Sie kamen, mit Stangen und Spaten bewaffnet, mit größter Vorsicht heran und lugten hinein. „Ja, da liegt der Ausreißer und schläft", sagten sie zueinander.

„Warte mal!" sagte einer von ihnen, „da liegt was Zottiges in der Ecke. Stellt euch vor, wenn das ein Bär ist!"

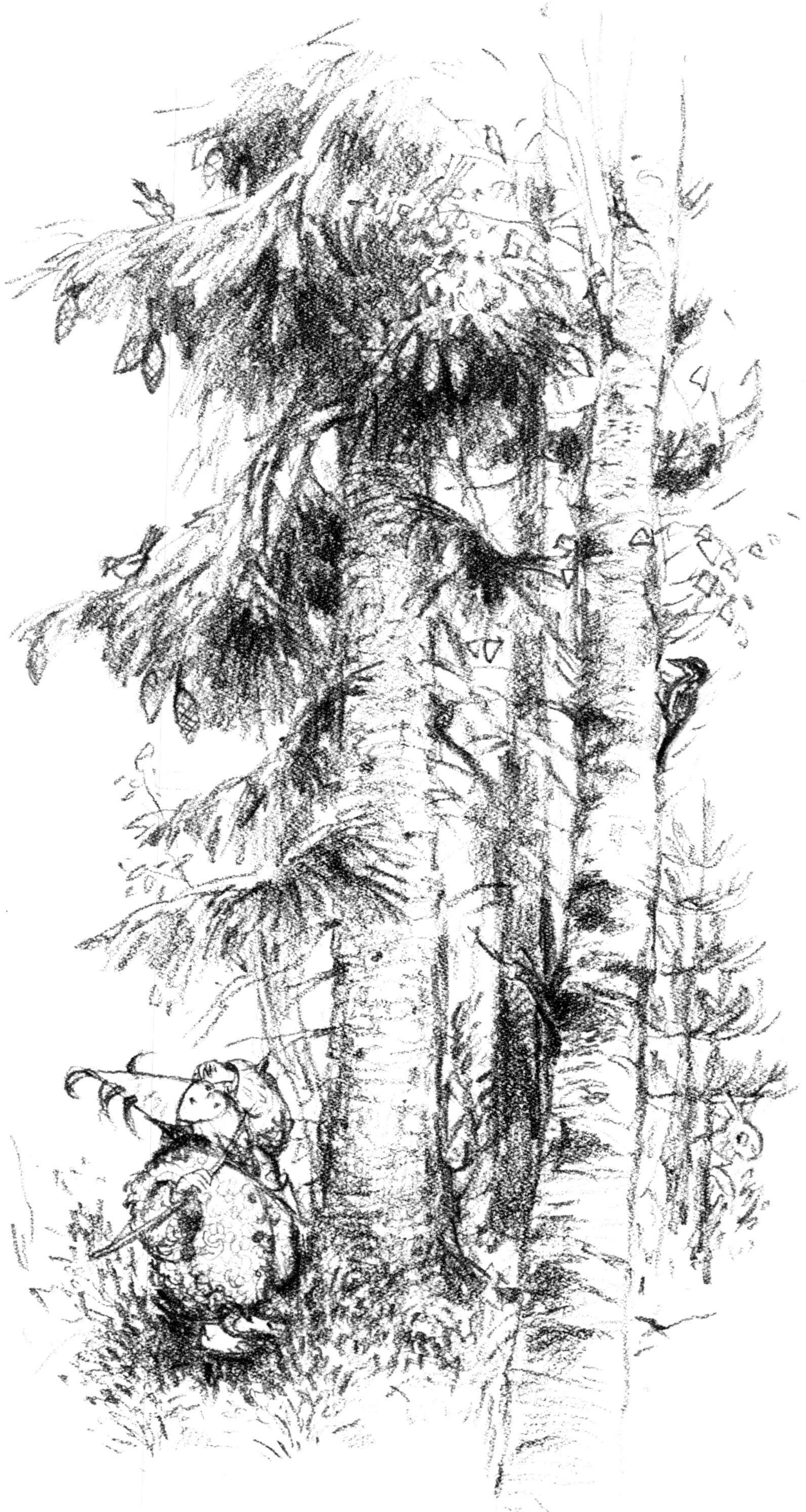

„Wir schlagen ihn im Schlaf tot", sagte ein anderer, „sonst beißt er uns noch."

Zur gleichen Zeit träumte Walter von den Menschenfressern, die auf Robinsons Insel gekommen waren und ihn beinahe zum Abendbrot gebraten hätten. Sein Traum war so lebhaft, daß er sich vor Schreck aufrichtete, und da hörte er die Männer sagen: „Wir schlagen ihn im Schlaf tot." Was konnte Walter anderes glauben, als daß er Robinsons Wilde vor sich hätte, die ihn am Spieß braten wollten? So tapfer er sonst auch war, jetzt sank ihm der Mut. Er dachte bei sich, wie schrecklich es sein mußte, von anderen aufgegessen zu werden, wenn man selber so furchtbar hungrig war. Und was würden Vater und Mutter sagen, wenn sie hörten, wie schlimm es ihrem armen Jungen ergangen war? Bei diesem Gedanken fing Walter an, bitterlich zu weinen, und alles, was er herausbekam, war: „Liebe Herren Menschenfresser, schont mein Leben, ich bin viel zu mager, um gebraten zu werden!"

„Was denn?" sagte einer der Männer. „Sieh mal an, ich glaube fast, das ist Walter, den wir den ganzen Tag lang gesucht haben! Auf mit dir, Junge, und heim zu den Eltern! Sonst denk dran, daß der ganze Wald voller Ruten steht!"

Walter stand verlegen auf, und verlegen waren auch die, die ihn für einen Bären gehalten hatten. Sie führten ihn in einer Prozession heim, und damit es auch richtig feierlich aussah, zogen sie ihm den Schafpelz an und setzten ihm die Bonbontüte auf den Kopf. Aber Walters Eltern waren so froh, daß sie nicht einmal Zeit hatten, böse zu werden. „Dummer Junge", sagten sie, „du hast uns viel Sorgen gemacht, aber daß du einen ganzen Tag von Moosbeeren hast leben müssen, das mag deine Strafe sein."

Walter küßte Vaters und Mutters Hände. Er hätte sie gern um Verzeihung gebeten, aber das konnte er nicht, denn er hatte den Mund voll mit frischem Brot. Er dachte bei sich, daß Kokosnüsse und Lamatiere schon gut gewesen wären, aber im Augenblick würde er Robinsons ganze Insel für ein Butterbrot verkaufen.

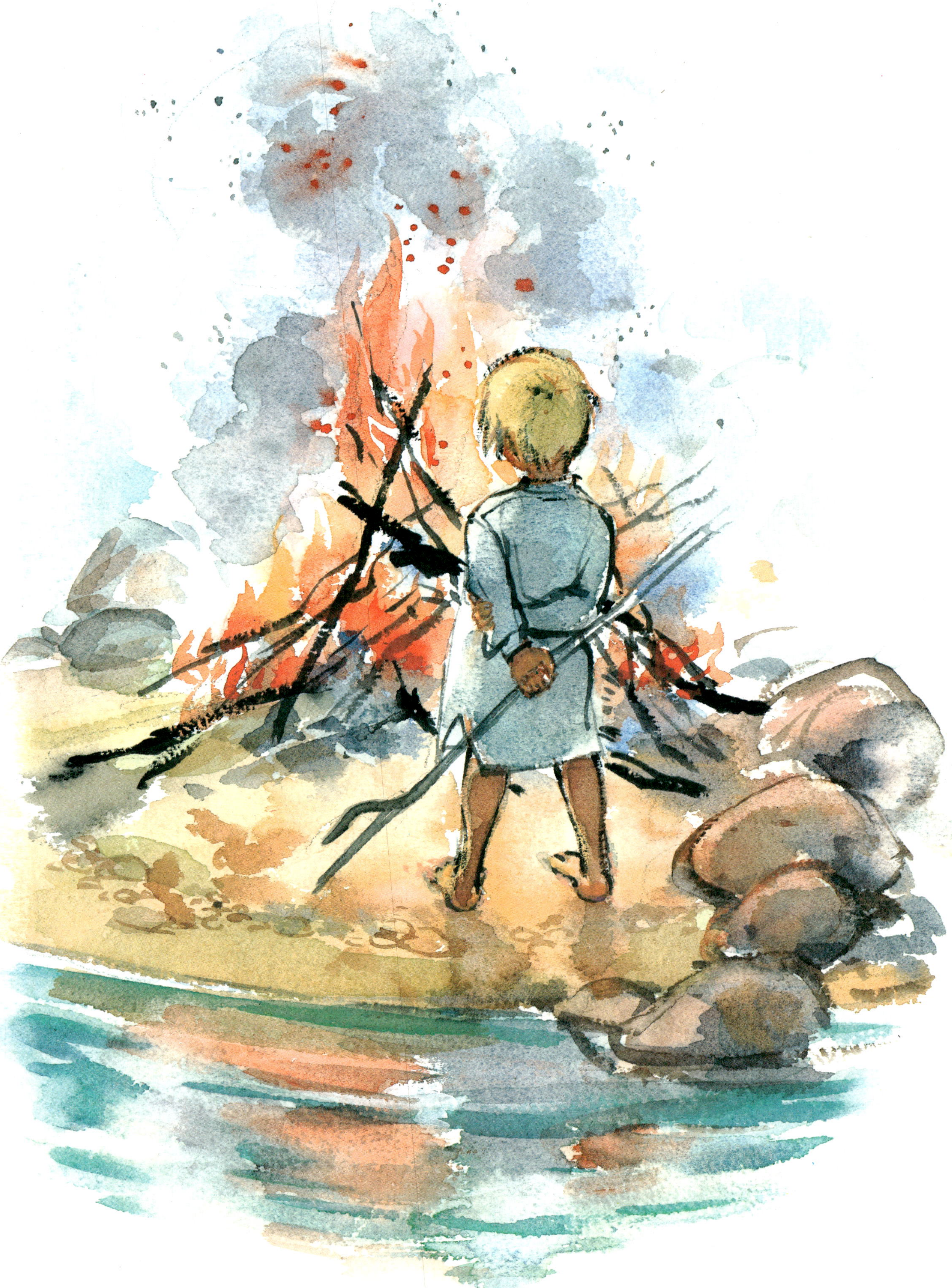

Innerlich war er doch ziemlich beschämt, besonders als er sich sattgegesssen hatte. Ob es recht ist, davon zu sprechen, was er in der folgenden Nacht tat? Er schlich sich noch einmal hinaus, barfuß und leise, und lief in den Wald. Diesmal hatte er Streichhölzer mit, und er steckte seine Reisighütte an, die er in der vorigen Nacht gebaut hatte. Und dann stand er nachdenklich da und sah zu, wie die Flammen zum Nachthimmel emporschlugen, so daß die kleinen Vögel in den Bäumen erschrocken vor dem Rauch flohen und der Mond verblüfft sein schönes Gesicht in einer Wolke verbarg. Da brennt mein Königreich! dachte Walter bei sich.

Ja ja, es war nicht das erste Reich, das in Flammen aufging, und wird nicht das letzte sein. Aber Walter schlich sich vorsichtig zurück in sein Bett in der warmen Schlafkammer, und obwohl er eine harte Zeit auf seiner unbewohnten Insel durchgemacht hatte, entschlüpfte ihm, als er die Decke über die Ohren zog, noch ein kleiner, heimlicher Seufzer:

„Ach, du glücklicher Robinson!"